VOIR LES SCIENCES

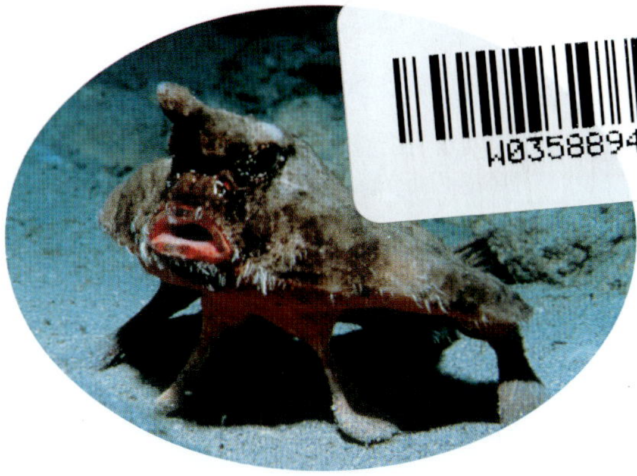

Secrets des abysses

CH. CAUSSE & PH. VALLETTE

FLEURUS

www.fleurusvoir.com

À la mémoire de Lucien LAUBIER,
qui nous a fait découvrir et aimer l'océan et les abysses
Lucien Laubier (22/09/1936 – 15/06/2008), océanographe, professeur émérite à l'université de la Méditerranée à Marseille et membre de l'Académie des Sciences, de l'Académie de la Marine et de l'Académie des Technologies était un ami de Nausicaá avec lequel il collaborait régulièrement depuis 1984. Lucien était un pionnier de la science des écosystèmes profonds, notamment des cheminées hydrothermales. Il a plongé plusieurs fois, à bord du bathyscaphe Archimède *et d'autres sous-marins, dans les abysses.*

Texte : Christine Causse et Philippe Vallette
Direction éditoriale : Christophe Savouré
Direction du développement : Nicolas Ragonneau
Édition : Danielle Védrinelle
Direction de la création : Laurent Quellet
Direction artistique : Armelle Riva et Julie Pauwels
Fabrication : Thierry Dubus et Sabine Marioni

Film : Au royaume des cachalots
Réalisation : David Allen, produit par Tim Haines © BBC
Prémastering : DVD Maker

Adaptation et réalisation graphique : François Egret pour Amulette
Contribution rédactionnelle : Sylvie Allouche, Jérémy Roussier
Conception graphique de la collection : Studio Bosson

Merci à Gaëlle Cadoret et Sarah Millet pour leur aide précieuse et efficace.

Dépôt légal : juin 2009
ISBN : 978 2 215 05590 7
N° édition : M09113
1re édition

Photogravure : Turquoise
Achevé d'imprimer sur les presses de l'imprimerie Proost, Belgique.

Petit mode d'emploi...

Un **texte introductif** ouvre la double page sur le thème abordé.

Des **photos** et des **dessins** illustrent la vie dans les profondeurs abyssales.

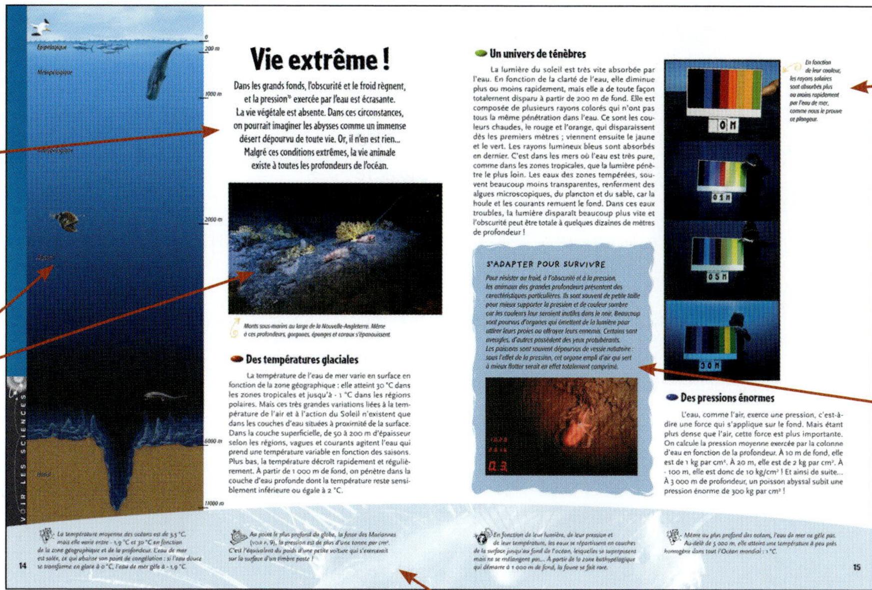

Des **légendes** permettent de replacer les documents dans leur contexte.

Des **encadrés** proposent un éclairage particulier sur un thème précis.

Une **frise**, déroulée sur l'ensemble du livre, apporte des informations supplémentaires sur le sujet traité dans la double page.

Les photos portant le logo DVD sont extraites du DVD *Au royaume des cachalots*.

L'astérisque (*) signale les mots expliqués dans le **lexique** à leur première apparition sur une double page.

Les **pictogrammes** de la frise aident à identifier la nature de l'information :

- *Chiffres et records*
- *Anecdote liée à l'homme*
- *Sciences et techniques*
- *Culture*
- *Phénomènes naturels*
- *Protection de la nature*
- *Faune, flore*
- *Nature en danger*

Sommaire

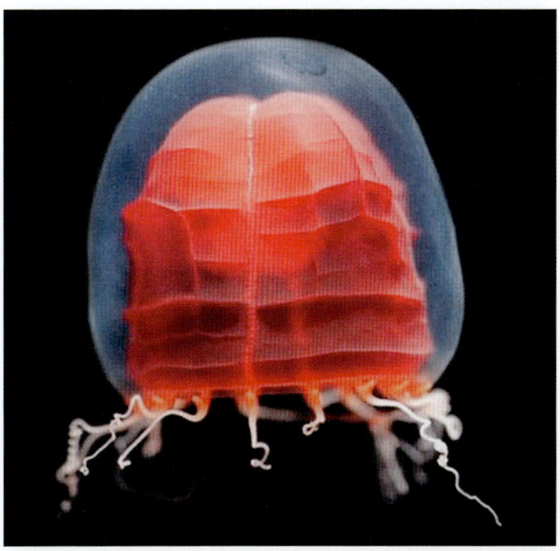

Sous l'océan...

Le monde des abysses occupe plus de 60 % de la surface de l'Océan. Depuis bien longtemps, les hommes s'interrogent sur cet abîme aquatique caché au-delà de 2 500 m sous l'océan ; pourtant, aujourd'hui encore, nous ne savons presque rien sur lui. Que dissimule cet univers secret ? Des animaux extraordinaires, des paysages fantastiques, des minéraux précieux, des sources d'énergies nouvelles, des substances biologiques inconnues, des énigmes scientifiques, et sans doute bien d'autres trésors...

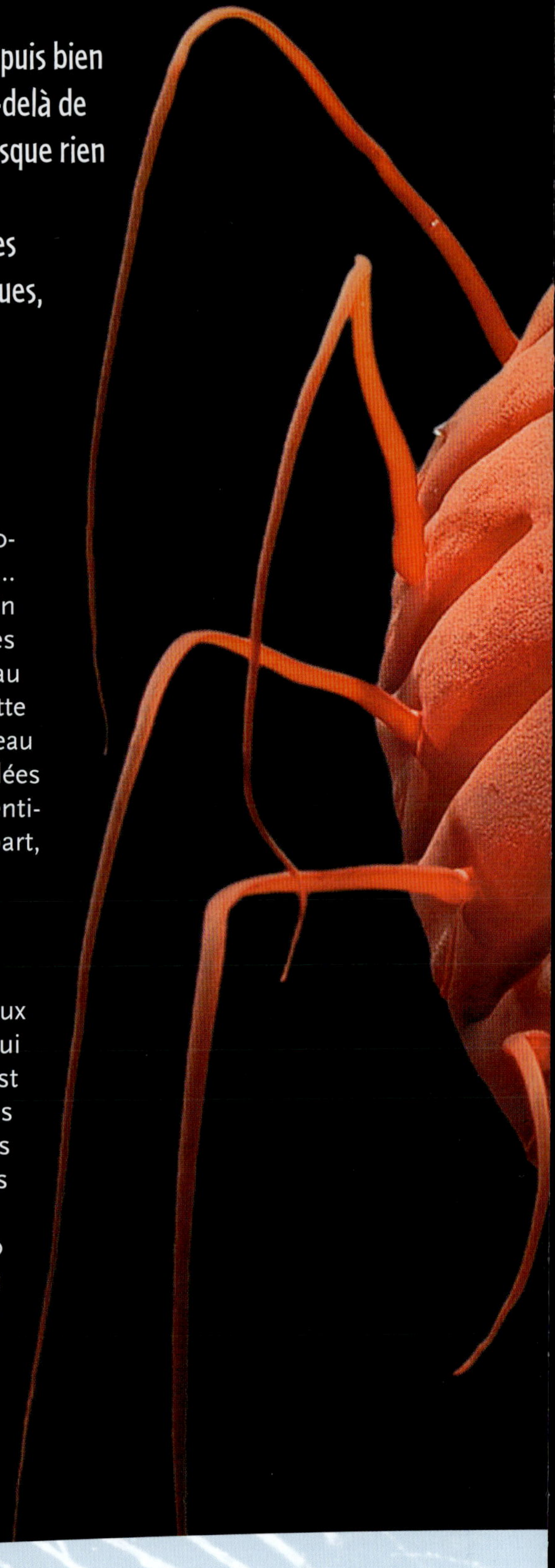

Un monde nouveau

Actuellement, moins de 10 % des fonds océaniques ont été cartographiés et à peine 2 % ont été explorés par des engins sous-marins... On en connaît moins sur les abysses que sur la surface de la Lune ! En 1959, une carte établie par les Américains Marie Tharp et Bruce Charles Heezen dévoile pour la première fois les grandes structures du relief au fond de l'océan Atlantique. Il faudra pourtant attendre 1977 pour que cette carte soit généralisée à l'ensemble de l'Océan mondial. Un monde nouveau s'offre alors à l'œil des Terriens, avec ses paysages montagneux, ses vallées et ses volcans... C'est le début d'une des plus grandes aventures scientifiques du XXe siècle : comprendre les lois qui régissent cet univers à part, et pourtant intimement lié aux autres milieux naturels de la Terre.

Des trésors de vie

La vie dans les grands fonds reste encore mystérieuse. Les milieux marins et leurs espèces sont beaucoup moins bien connus que ceux qui existent sur terre. Il faut dire que l'exploration sous-marine profonde est une opération qui coûte cher, qui nécessite des équipes importantes et des moyens techniques complexes. Aussi la plupart des études se sont-elles attachées aux espèces économiquement intéressantes pour la pêche.

Aujourd'hui, les scientifiques ont identifié environ 230 000 espèces marines, du micro-organisme à la baleine. Mais ils estiment qu'ils connaissent à peine 10 % des animaux marins et seulement 1 % des bactéries qui peuplent l'océan ! Ainsi, il y aurait entre un et dix millions d'espèces encore à découvrir...

En l'an 2000, un programme scientifique international, appelé The Census of Marine Life, *a été lancé pour tenter d'identifier les espèces marines. Depuis, les chercheurs découvrent chaque année environ 1 650 nouvelles espèces.*

La diversité de la flore et de la faune marines serait au moins égale à celle des forêts tropicales humides, lesquelles représentent les milieux terrestres les plus riches en vie.

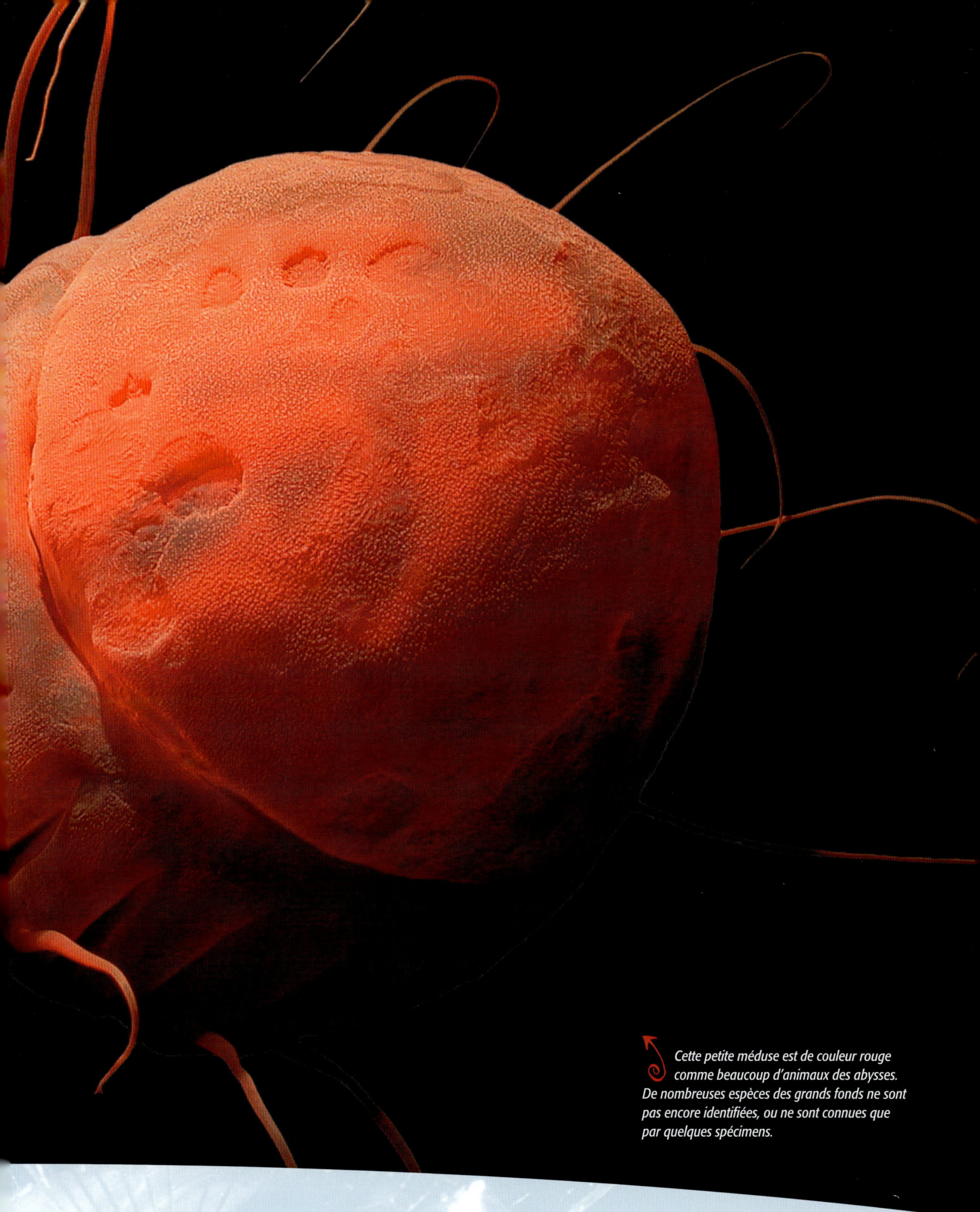

Cette petite méduse est de couleur rouge comme beaucoup d'animaux des abysses. De nombreuses espèces des grands fonds ne sont pas encore identifiées, ou ne sont connues que par quelques spécimens.

La faune marine est très mal connue et ceci est encore plus vrai dans les abysses. On estime qu'une espèce prélevée à 50 m de profondeur a cinquante fois plus de chance d'être connue des scientifiques qu'une espèce vivant à 2 000 m de fond !

De nos jours, seules quelques nations d'Europe, d'Amérique du Nord et d'Asie ont les capacités techniques et matérielles d'explorer et d'exploiter les abysses, ce qui laisse de nombreux pays en dehors de cette course au trésor...

Planète Océan

Les hommes sillonnent l'Océan depuis l'Antiquité. Longtemps, ils n'ont vu que la surface de cette immense étendue d'eau qui couvre 71 % de notre planète. Les premières plongées ont pourtant révélé la complexité de ce monde profond où les géologues ont découvert des montagnes, des canyons et des fosses qui s'enfoncent dans les entrailles de la Terre.

RECORD DE PROFONDEUR

L'homme est descendu une seule fois au point le plus profond des océans. C'était le 22 janvier 1960, lorsque le Suisse Jacques Piccard et l'Américain Don Walsh plongent dans l'océan Pacifique à bord du bathyscaphe le Trieste *(voir DVD, Film 2, Chap. 2). Après quatre heures de descente, ils atteignent 10 916 m de fond dans la fosse des Mariannes, à l'est des Philippines. À travers les hublots, les deux hommes aperçoivent un poisson. La preuve est faite que la vie existe jusque dans les plus grandes profondeurs !*

Un seul Océan mondial

Lorsque l'homme a, pour la première fois, contemplé des photos de la Terre prises par satellite, celle-ci lui est apparue comme une boule bleue flottant dans l'espace. Car notre planète est en grande partie couverte d'eau. Cette immensité liquide constitue l'Océan mondial. En effet, les cinq océans – Atlantique, Pacifique, Indien, Arctique et Antarctique – communiquent tous entre eux. L'eau et les animaux marins peuvent donc circuler librement de l'un à l'autre. Par conséquent, tout ce qui affecte une partie de l'Océan mondial est susceptible d'avoir un impact sur les autres régions maritimes.

L'Océan mondial couvre une superficie de 361 millions de km² et représente un gigantesque réservoir d'eau de 1,36 milliard de km³, soit 97,5 % de toute l'eau contenue sur Terre, y compris l'eau stockée sous forme de glace dans les glaciers et aux pôles.

Les continents sont surtout regroupés dans l'hémisphère Nord : 81 % de l'hémisphère Sud est couvert d'eau. Le Pacifique – l'océan le plus grand et le plus profond – contient plus d'eau que tous les autres océans réunis.

Le robot sous-marin Jason *effectue des prélèvements sur le fond avec son bras articulé lors d'une expédition dans le golfe du Mexique en 2007.*

Les mystères des abysses

La profondeur moyenne de l'océan est de 3 800 m (quand l'altitude moyenne des continents est de 840 m seulement). En dessous de 2 500 m de fond, c'est le domaine abyssal, un immense territoire qui couvre les deux tiers de la surface du globe. Cette région mystérieuse commence à peine à révéler ses secrets. Actuellement, moins de dix sous-marins dans le monde sont capables d'y descendre ! Pour tenter de mieux connaître les abysses, les scientifiques y envoient des sondes et des filets, utilisent des sonars ou des engins téléguidés depuis la surface, car les expéditions avec des sous-marins sont rares.

Le relief des grands fonds

Lorsqu'on s'enfonce sous la surface de la mer à partir du rivage, on surplombe le plateau continental ① qui descend en pente douce jusqu'à environ 200 m. Sa largeur moyenne est de 65 km. Le plateau plonge ensuite brusquement. Cette zone, appelée "talus continental" ②, est creusée de profonds canyons façonnés par les courants et les fleuves qui se déversent dans la mer. Vers 3 000 m, la pente du talus s'interrompt lorsqu'elle rejoint l'immense plaine abyssale ③ qui s'étend entre 3 000 et 6 000 m de profondeur. Les sédiments et les boues qui tombent le long des canyons s'accumulent au pied du talus pour former le glacis*. Dans certaines régions, des volcans sous-marins ④ (les guyots*) se dressent sur la plaine, alors qu'ailleurs, des fosses étroites ⑤ brisent la monotonie de ces paysages désolés. Mais le relief le plus spectaculaire dans les grands fonds marins est sans aucun doute la dorsale océanique ⑥, la plus longue chaîne montagneuse du globe, qui s'élève au centre de l'Océan mondial. Elle se dresse à environ 3 000 m au-dessus de la plaine abyssale, atteint jusqu'à 64 000 km de long et 400 km de large, et parcourt les océans Atlantique, Pacifique et Indien.

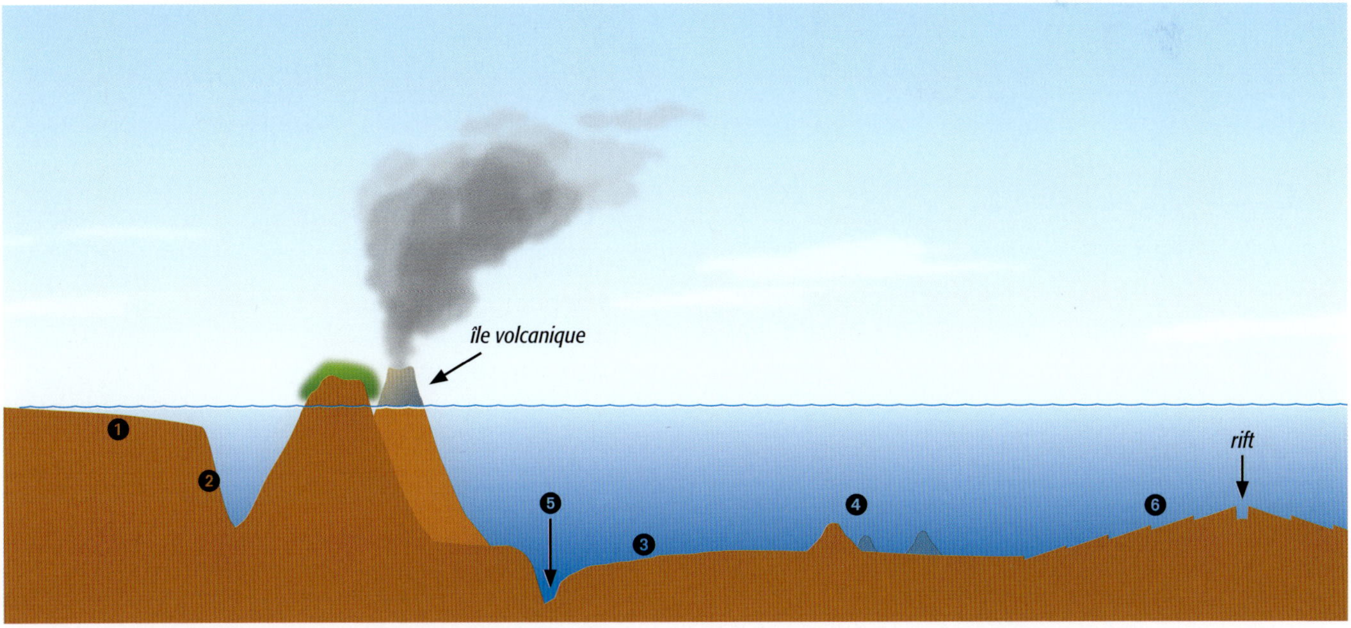

Le mot "abysse" a pour origine le terme grec abyssos *qui signifie "sans fond" ; car longtemps les hommes ont considéré l'océan comme un gouffre insondable.*

Au sommet de la dorsale océanique, une faille étroite – le rift – permet la sortie de lave et de gaz brûlants venus du centre de la Terre. C'est à partir du rift que se crée la nouvelle croûte océanique.

Une histoire géologique compliquée

L'Océan mondial n'a pas toujours eu son aspect actuel. La surface de notre globe étant composée de plaques rigides qui bougent les unes par rapport aux autres, le relief de la planète se modifie au cours du temps. Ainsi, certains océans s'agrandissent tandis que, dans d'autres régions, des mers se referment.

La naissance de l'Océan

Il y a environ 3,8 milliards d'années, l'eau de l'atmosphère primitive de la Terre s'est condensée et a ruisselé sur les sols. Elle s'est chargée au passage de sels minéraux* qui se sont dissous dans ce liquide. Cette eau salée a empli les creux et les dépressions à la surface de la planète, formant ainsi un océan primitif.

Des plaques en mouvement

L'enveloppe rigide qui entoure la Terre, appelée la lithosphère, mesure quelques dizaines de kilomètres d'épaisseur. Elle repose sur de la roche en fusion, le magma, qui a une consistance mi-solide, mi-liquide. La lithosphère est divisée en une douzaine de plaques principales qui portent des continents (plaques continen-

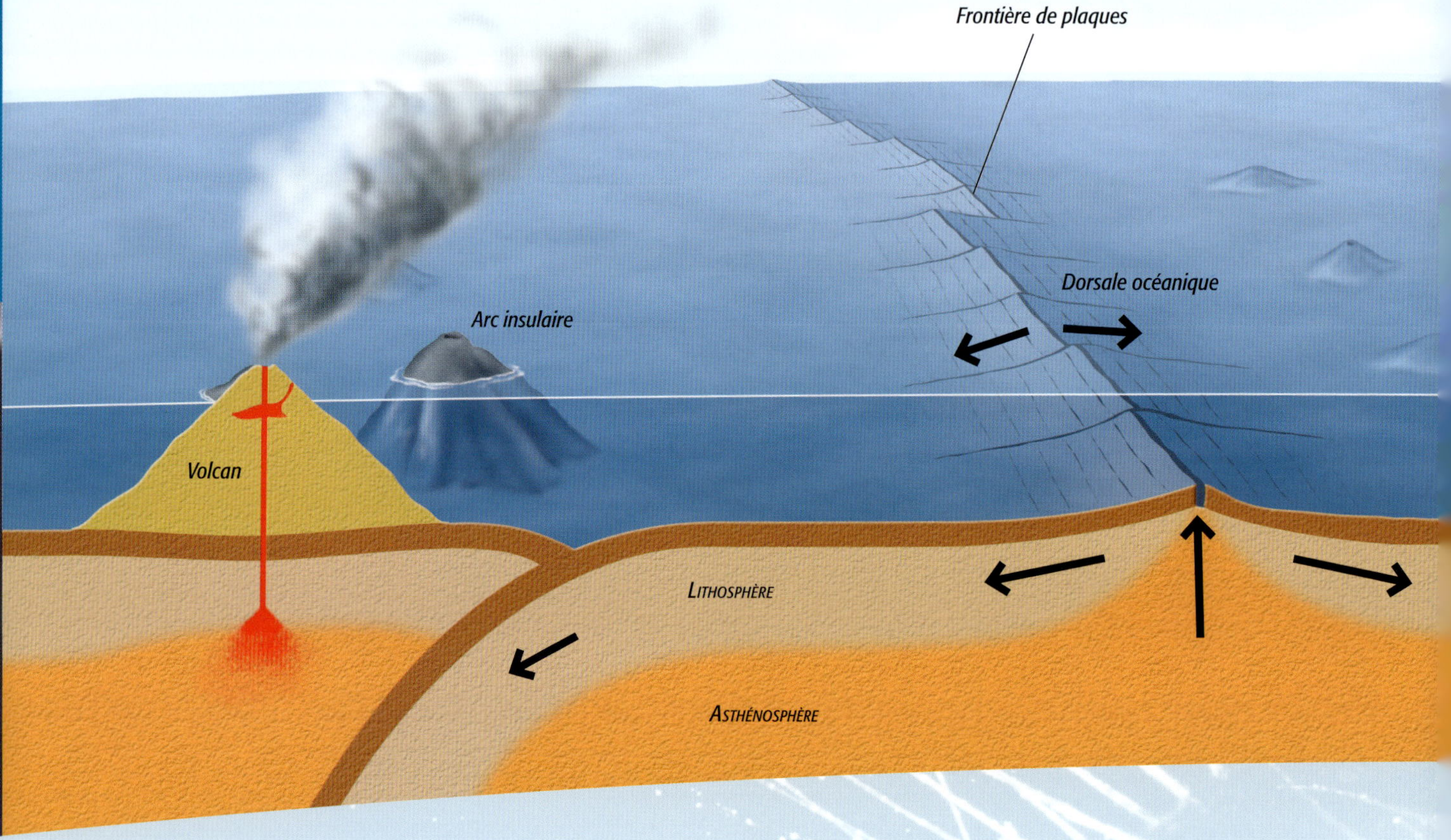

Il y a 350 millions d'années, tous les continents sont rassemblés pour former un super continent (la Pangée) entouré d'un océan appelé la Panthalassa. La Pangée commence à se diviser en deux il y a 250 millions d'années, avant de se morceler complètement pour donner les continents actuels.

La théorie des plaques terrestres en mouvement, appelée tectonique des plaques, est mise au point au début du XXe siècle. C'est le scientifique allemand Alfred Wegener qui émet le premier cette idée après avoir constaté la similarité des côtes de part et d'autre de l'Atlantique.

tales), des océans (plaques océaniques), ou encore les deux (plaques mixtes). Emportées par les mouvements du magma sur lequel elles reposent, ces plaques se déplacent les unes par rapport aux autres – c'est la théorie de la tectonique des plaques (*voir frise*). Dans l'océan, c'est à la limite entre deux plaques que se situe la dorsale océanique*. À son sommet, du magma s'écoule par une faille – le rift* – et se répand de part et d'autre en écartant les deux plaques. Lorsque ce magma se refroidit, il forme un nouveau plancher océanique et l'océan s'agrandit. En revanche, à l'endroit où le plancher océanique bute sur une plaque continentale plus légère, il glisse sous cette dernière et s'enfonce dans le magma. C'est dans cette zone que l'on retrouve les grandes fosses sous-marines *(voir DVD, Film 1, chap. 5)*.

Le plancher océanique se renouvelle ainsi au cours des temps géologiques et les océans changent de taille et de forme. Actuellement, l'Atlantique s'élargit d'environ 3 cm par an alors que la surface du Pacifique diminue.

Volcans et tremblements de terre

Les points de rencontre des plaques sont des zones géologiques très actives. Le frottement d'une plaque océanique sous une autre plaque (terrestre ou océanique) est à l'origine de la formation de montagnes et de volcans. Ainsi, des centaines de volcans sous-marins sont disposés le long des contours de la plaque Pacifique et forment, au nord de l'océan, la "Ceinture de feu". Le frottement de deux plaques l'une contre l'autre s'accompagne fréquemment de tremblements de terre sous-marins qui sont parfois à l'origine de raz-de-marée meurtriers.

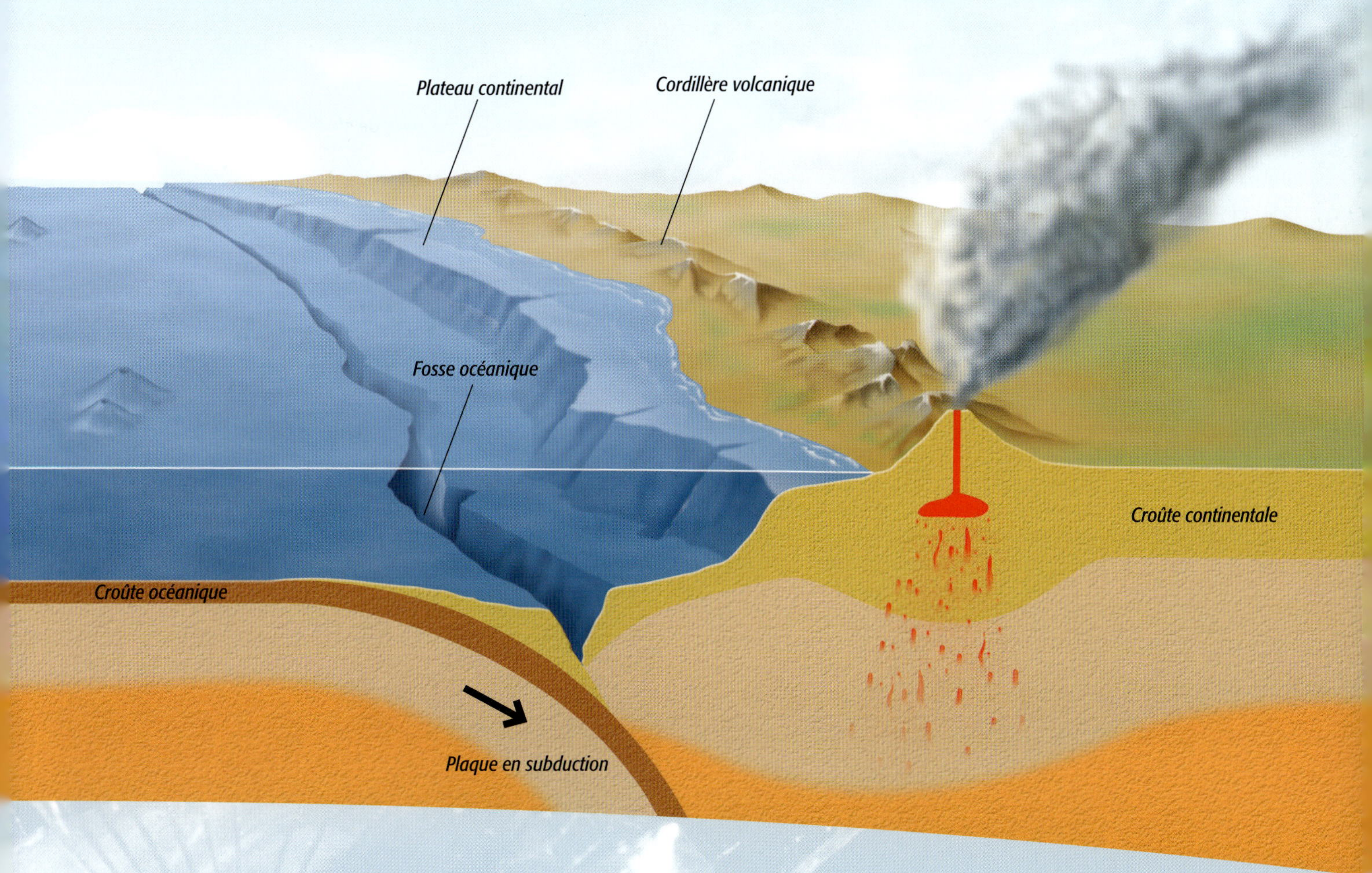

Le tsunami qui a ravagé l'Indonésie en décembre 2004 a causé la mort de 230 000 personnes. Cette vague géante a été provoquée par un tremblement de terre sous-marin à 250 km de Sumatra, lui-même lié au brutal enfoncement d'une plaque océanique sous une autre.

Actuellement, la Méditerranée se referme. Elle devrait disparaître totalement d'ici quelques dizaines de milliers d'années. L'Afrique, l'Europe et l'Asie formeraient alors un seul continent géant !

Des milieux hostiles

Comme sur les continents, on rencontre dans les grands fonds des plaines, des montagnes, des volcans et de profondes vallées. Ces formations géologiques variées sont difficiles à explorer et c'est en utilisant des sondeurs que les scientifiques ont pu dessiner la carte du relief sous-marin.

Le rift océanique
Cette vallée est située au sommet de la dorsale*, l'immense chaîne montagneuse qui traverse l'ensemble de l'Océan mondial sur environ 64 000 km (en comparaison, la plus grande chaîne de montagnes terrestre, les Andes, s'étend sur 8 000 km). Le rift* mesure jusqu'à 10 km de large et plusieurs centaines de mètres de profondeur. Il est le siège d'une activité volcanique intense, car c'est par cette zone que le magma remonte de l'intérieur de la Terre. Le long du rift se forment des sources d'eau très chaude, les sources hydrothermales : l'eau de mer s'infiltre dans les failles ou les fissures de la roche, se réchauffe à proximité du magma et ressort par les cheminées hydrothermales à des températures qui atteignent 400 °C !

LES ABYSSES À 15 M !

En 1998, des scientifiques ont découvert dans une grotte sous-marine au large de La Ciotat, près de Marseille, des espèces caractéristiques des grandes profondeurs. Il s'agissait d'éponges qui vivent habituellement à 1 000 m de fond. Or la grotte est située entre 15 et 25 m sous la surface ! L'eau n'y circule pas, la température y est froide toute l'année et l'obscurité totale : des conditions assez proches de celles qui règnent dans les abysses.

Les guyots
Ces montagnes sous-marines, totalement submergées, sont en général d'origine volcanique. Les guyots* ont une forme conique dont le sommet s'aplatit avec le temps. Leurs pentes sont creusées de canyons et de failles. Sous l'océan, il y aurait au moins 100 000 guyots mesurant plus de 1 000 m de haut. Ils abritent une faune sous-marine variée. On y trouve souvent de vastes étendues couvertes de coraux des grandes profondeurs.

Même les plus hautes montagnes du monde, comme l'Everest qui culmine à 8 850 m d'altitude, pourraient tenir dans les fosses océaniques profondes.

Dans certaines zones sous-marines, très actives à un niveau géologique, on observe des alignements de volcans qui constituent ce qu'on appelle des "points chauds".

Les fosses océaniques

Dans certaines régions, souvent le long des alignements d'îles comme l'archipel des Philippines, du Japon ou des îles Aléoutiennes (Alaska), la plaine abyssale s'interrompt brusquement et des fosses profondes et étroites plongent vers le centre de la Terre.
Elles descendent jusqu'à près de 11 km sous la surface de l'océan ! Certains animaux – poissons et crustacés – parviennent à survivre dans ces profondeurs.

La plaine abyssale

Elle représente d'immenses étendues de part et d'autre de la dorsale océanique, entre 3 000 et 6 000 m de fond. Couverte de vase et d'une boue fine, la plaine abyssale donne l'apparence d'un vaste désert monotone presque plat. Pourtant des animaux y vivent, cachés dans la vase, rampant sur le fond ou nageant à proximité. De nombreuses espèces se nourrissent grâce aux particules alimentaires qui tombent de la surface : elles sont détritivores. D'autres filtrent ces particules alimentaires emportées par les courants profonds. D'autres encore, les prédateurs, se nourrissent en chassant des habitants des abysses.

Les laves en coussins

Caractéristiques des zones volcaniques sous-marines, les laves en coussins (*pillow-lavas* en anglais) se forment lors des éruptions : au contact de l'eau de mer, la matière en fusion se refroidit brutalement pour devenir une croûte noire et dure, qui constitue une sorte de "coussin" de lave. Comme la lave continue à s'écouler, elle perce cette croûte, se retrouve en contact avec l'eau et forme un nouveau "coussin"... Ainsi, on remarque souvent ces structures étonnantes arrondies autour du rift.

La majeure partie des grands guyots (63 %) est située dans l'océan Pacifique, et plus de la moitié d'entre eux sont dans les eaux internationales.

Le sommet d'un guyot est une région recherchée par les pêcheurs. En effet, ces zones sont relativement accessibles (la plupart sont à moins de 3 000 m de fond) et sont des lieux de rassemblement pour de nombreuses espèces de poissons.

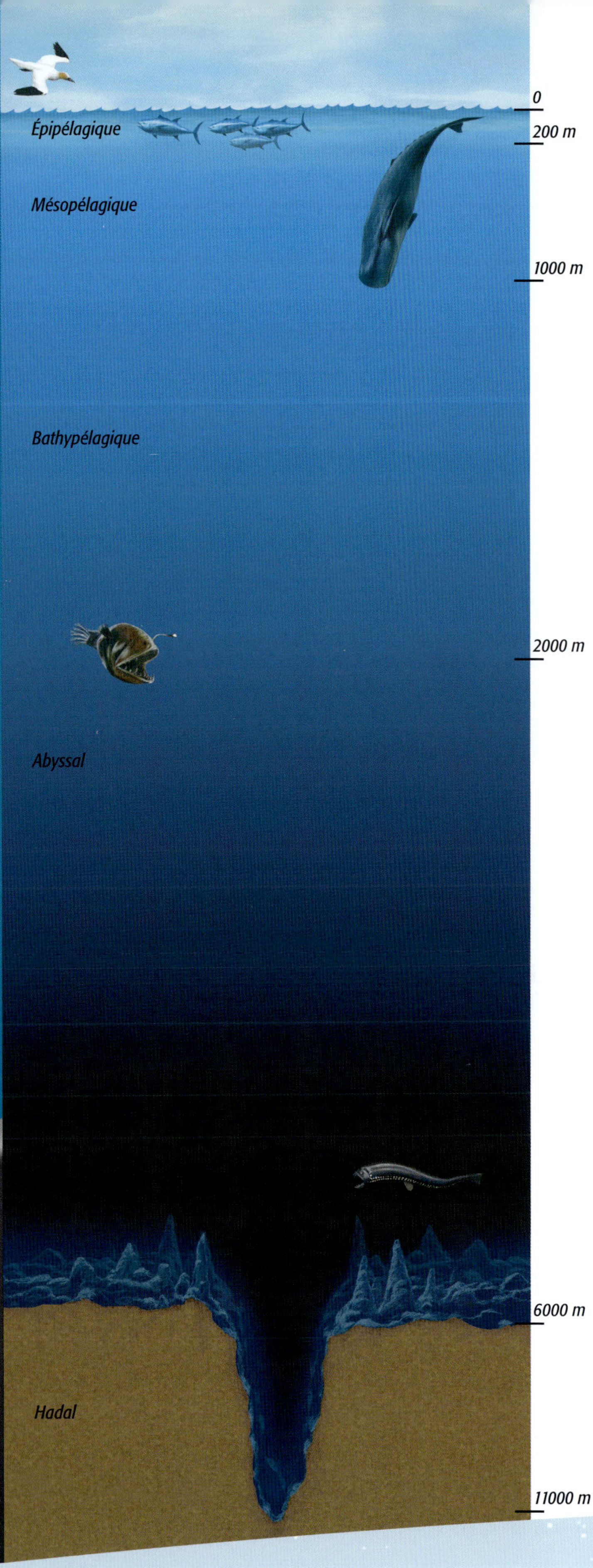

Vie extrême !

Dans les grands fonds, l'obscurité et le froid règnent, et la pression* exercée par l'eau est écrasante. La vie végétale est absente. Dans ces circonstances, on pourrait imaginer les abysses comme un immense désert dépourvu de toute vie. Or, il n'en est rien... Malgré ces conditions extrêmes, la vie animale existe à toutes les profondeurs de l'océan.

Monts sous-marins au large de la Nouvelle-Angleterre. Même à ces profondeurs, gorgones, éponges et coraux s'épanouissent.

Des températures glaciales

La température de l'eau de mer varie en surface en fonction de la zone géographique : elle atteint 30 °C dans les zones tropicales et jusqu'à - 1 °C dans les régions polaires. Mais ces très grandes variations liées à la température de l'air et à l'action du Soleil n'existent que dans les couches d'eau situées à proximité de la surface. Dans la couche superficielle, de 50 à 200 m d'épaisseur selon les régions, vagues et courants agitent l'eau qui prend une température variable en fonction des saisons. Plus bas, la température décroît rapidement et régulièrement. À partir de 1 000 m de fond, on pénètre dans la couche d'eau profonde dont la température reste sensiblement inférieure ou égale à 2 °C.

La température moyenne des océans est de 3,5 °C, mais elle varie entre - 1,9 °C et 30 °C en fonction de la zone géographique et de la profondeur. L'eau de mer est salée, ce qui abaisse son point de congélation : si l'eau douce se transforme en glace à 0 °C, l'eau de mer gèle à - 1,9 °C.

Au point le plus profond du globe, la fosse des Mariannes (VOIR P. 9), *la pression est de plus d'une tonne par cm². C'est l'équivalent du poids d'une petite voiture qui s'exercerait sur la surface d'un timbre poste !*

Un univers de ténèbres

La lumière du soleil est très vite absorbée par l'eau. En fonction de la clarté de l'eau, elle diminue plus ou moins rapidement, mais elle a de toute façon totalement disparu à partir de 200 m de fond. Elle est composée de plusieurs rayons colorés qui n'ont pas tous la même pénétration dans l'eau. Ce sont les couleurs chaudes, le rouge et l'orange, qui disparaissent dès les premiers mètres ; viennent ensuite le jaune et le vert. Les rayons lumineux bleus sont absorbés en dernier. C'est dans les mers où l'eau est très pure, comme dans les zones tropicales, que la lumière pénètre le plus loin. Les eaux des zones tempérées, souvent beaucoup moins transparentes, renferment des algues microscopiques, du plancton et du sable, car la houle et les courants remuent le fond. Dans ces eaux troubles, la lumière disparaît beaucoup plus vite et l'obscurité peut être totale à quelques dizaines de mètres de profondeur !

En fonction de leur couleur, les rayons solaires sont absorbés plus ou moins rapidement par l'eau de mer, comme nous le prouve ce plongeur.

S'ADAPTER POUR SURVIVRE

Pour résister au froid, à l'obscurité et à la pression, les animaux des grandes profondeurs présentent des caractéristiques particulières. Ils sont souvent de petite taille pour mieux supporter la pression et de couleur sombre car les couleurs leur seraient inutiles dans le noir. Beaucoup sont pourvus d'organes qui émettent de la lumière pour attirer leurs proies ou effrayer leurs ennemis. Certains sont aveugles, d'autres possèdent des yeux protubérants. Les poissons sont souvent dépourvus de vessie natatoire : sous l'effet de la pression, cet organe empli d'air qui sert à mieux flotter serait en effet totalement comprimé.

Des pressions énormes

L'eau, comme l'air, exerce une pression, c'est-à-dire une force qui s'applique sur le fond. Mais étant plus dense que l'air, cette force est plus importante. On calcule la pression moyenne exercée par la colonne d'eau en fonction de la profondeur. À 10 m de fond, elle est de 1 kg par cm^2. À 20 m, elle est de 2 kg par cm^2. À - 100 m, elle est donc de 10 kg/cm^2 ! Et ainsi de suite... À 3 000 m de profondeur, un poisson abyssal subit une pression énorme de 300 kg par cm^2 !

En fonction de leur lumière, de leur pression et de leur température, les eaux se répartissent en couches de la surface jusqu'au fond de l'océan, lesquelles se superposent mais ne se mélangent pas... À partir de la zone bathypélagique qui démarre à 1 000 m de fond, la faune se fait rare.

Même au plus profond des océans, l'eau de mer ne gèle pas. Au-delà de 5 000 m, elle atteint une température à peu près homogène dans tout l'Océan mondial : 1 °C.

Une vie sans Soleil

Comme les végétaux ont besoin de lumière pour se développer, la vie végétale disparaît très rapidement avec la profondeur. Pourtant, la faune des abysses est très diversifiée et, même aux plus grandes profondeurs, on rencontre poissons, crustacés, coquillages, étoiles de mer, coraux...

Un processus vital

Le processus chimique de la photosynthèse à la base de la vie sur notre planète est assuré par les végétaux : les plantes utilisent de l'eau et du carbone provenant du dioxyde de carbone, le CO_2, pour fabriquer des sucres (les hydrates de carbone) qui constituent la matière vivante, ou "matière organique". Pour cela, les végétaux ont besoin de l'énergie du Soleil, qu'ils captent grâce à leur chlorophylle. Pour se développer, ils doivent absorber les sels minéraux* contenus dans l'eau. Aussi les plantes terrestres et les algues ne peuvent-elles exister que dans des zones où l'on trouve du Soleil, de l'eau, du dioxyde de carbone et des sels minéraux.

Dans le milieu océanique, le plancton végétal ❶ est à la base des chaînes alimentaires. Il sert de nourriture au plancton animal ❷, lui-même consommé par les carnivores primaires ❸ et ainsi de suite (❹ et ❺). Les animaux morts ❻ tombent au fond ❼ où ils sont décomposés par les bactéries ❽ ; des courants ascendants remontent les sels minéraux à la surface.

Les scientifiques ont découvert que des morceaux de bois et des troncs d'arbre tombés au fond de l'océan pouvaient être de véritables oasis de vie. Ces épaves servent de nourriture à des coquillages, des vers marins, des crustacés, des oursins, des étoiles de mer...

En 1859, en remontant un câble télégraphique immergé par 1 800 m de fond entre la Sardaigne et l'Algérie, les ingénieurs sont très surpris de découvrir des coraux et des mollusques fixés sur ce support. On pensait à l'époque qu'aucun animal ne pouvait survivre à cette profondeur !

Les chaînes alimentaires dans l'océan

Les animaux ne possèdent pas de chlorophylle et sont incapables d'assurer le processus de la photosynthèse. Pour obtenir les hydrates de carbone dont ils ont besoin pour vivre, ils doivent se nourrir de végétaux ou d'autres animaux. Les végétaux sont donc à la base des chaînes alimentaires sur terre comme en mer. Les plantes nourrissent les herbivores, qui sont mangés par des carnivores primaires, qui sont eux-mêmes dévorés par des carnivores secondaires, etc. Ainsi, les êtres vivants dépendent les uns des autres.

Zones de vie

Les animaux se concentrent dans les régions où les végétaux abondent, car ceux-ci représentent une importante source de nourriture. Dans l'océan, à partir de 200 m de fond, il n'y a plus de lumière et donc pas de vie végétale. 90 % de la vie se trouve près des côtes où les algues profitent de la présence de lumière et de sels minéraux. La vie marine est également très abondante dans les régions dites d'upwellings : là, des courants remontent l'eau des profondeurs chargée en sels minéraux près de la surface éclairée par le Soleil. Cependant, dans la plus grande partie de l'océan, la vie est peu présente...

Se nourrir dans les abysses

Plus on s'éloigne des côtes et de la surface, plus la quantité d'aliments disponibles diminue, et plus la faune se fait rare. Les animaux qui habitent ces régions se sont adaptés pour survivre. Des espèces qui vivent en pleine eau consomment au passage les particules de nourriture – provenant essentiellement d'algues microscopiques du plancton – qui tombent en pluie de la surface. D'autres qui vivent sur le fond, comme les concombres de mer ou les éponges, filtrent le sable et l'eau à la recherche de détritus alimentaires ou mangent les restes d'animaux morts tombés au fond de l'océan. Ainsi, un cadavre de baleine échouée sur la plaine abyssale attire des centaines d'animaux venus de loin se repaître de cette manne providentielle : les uns grignotent les restes de la baleine alors que les autres dévorent les mangeurs de carcasse ! De nombreuses espèces abyssales, poissons ou calamars par exemple, sont en effet de redoutables prédateurs.

*Le poisson-ruban (*Trachipteridae sp*) vit dans les eaux profondes du Pacifique. Celui-ci est un bébé !*

Les ténèbres océaniques sont le théâtre de luttes féroces pour trouver sa pitance… ou rester en vie.

Ce poisson stomias est un vorace ; il a avalé un de ses congénères aussi gros que lui !

Des bactéries jusqu'aux requins, tous les groupes d'animaux marins sont représentés dans les abysses. Mais ces vers, coquillages, crustacés, mollusques, éponges et poissons ont des formes et un aspect totalement différents de leurs cousins de surface.

L'étude de la faune des grands fonds est particulièrement difficile : les chercheurs ne disposent le plus souvent que de spécimens remontés dans les filets. Mais ces animaux sont morts, souvent abîmés par la capture et le retour à la surface, et ils perdent rapidement leurs couleurs.

Des équilibres essentiels

Animé par les courants, l'Océan mondial est en perpétuel mouvement. Il échange en permanence avec l'atmosphère de la chaleur et des gaz. En surface, les eaux qui se refroidissent aux pôles et coulent sont à l'origine des courants dans l'océan profond. Les eaux profondes stockent aussi de grandes quantités de dioxyde de carbone (CO_2). Ainsi, l'océan participe à la grande machine climatique terrestre.

L'eau en mouvement

Les masses d'eau qui constituent l'Océan sont caractérisées par des densités différentes en fonction de leur température et de la quantité de sel dissoute qu'elles renferment (on appelle ce facteur la salinité). C'est pourquoi, elles se déplacent les unes par rapport aux autres en surface, mais aussi en profondeur. En surface, l'Océan se réchauffe à l'équateur puis l'eau poussée par les vents se dirige vers les pôles. Là, elle se refroidit en relâchant dans l'atmosphère la chaleur emmagasinée sous les tropiques. Cette eau plus froide devient plus dense et coule vers le fond. Ainsi naissent les grands courants de fond qui emportent les eaux de surface jusqu'aux abysses. L'eau continue à circuler au fond des océans en redescendant vers l'équateur avant de remonter. Cette immense boucle effectuée par les eaux océaniques est appelée le "tapis roulant" : elle a un rôle fondamental dans le climat de la Terre.

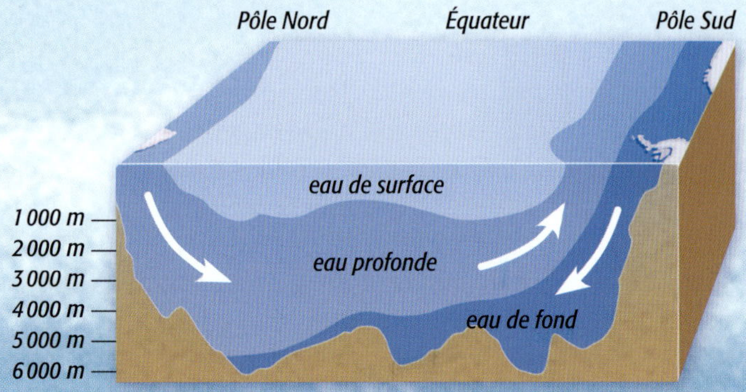

Dans l'océan Atlantique, trois masses d'eau se superposent de la surface jusqu'au fond.

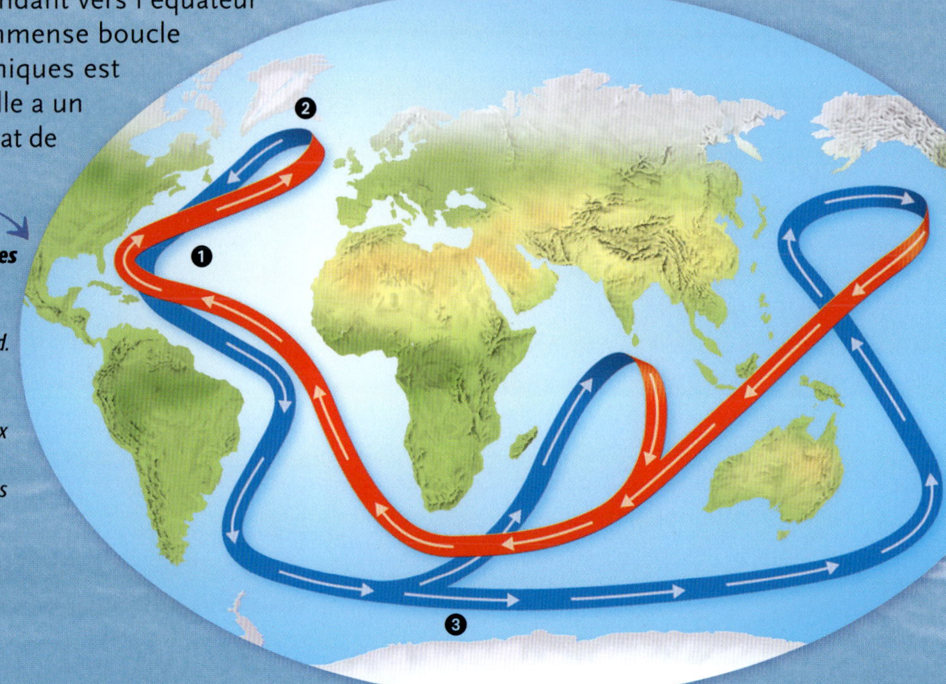

Le "tapis roulant" des eaux océaniques
❶ Dans l'Atlantique, le courant appelé Gulf Stream transporte l'eau chaude venue des tropiques vers l'Europe du Nord.
❷ En Arctique, la chaleur repart vers l'atmosphère. L'eau se refroidit et plonge vers les grands fonds pour former les eaux profondes de l'Atlantique Nord.
❸ En Antarctique, il existe aussi des zones où l'eau se refroidit et coule pour former des eaux de fond.

courant chaud de surface
courant froid profond

Les scientifiques ont évalué qu'il faut plus de 500 ans à une goutte d'eau pour parcourir l'ensemble de la boucle du "tapis roulant".

L'Océan absorbe et restitue l'énergie solaire très lentement. Il constitue ainsi un immense réservoir de chaleur dont la capacité de stockage représente 1 200 fois celle de l'atmosphère.

Un réservoir de gaz

Les gaz peuvent se dissoudre dans l'eau. L'Océan contient de l'oxygène produit par les micro-organismes végétaux et par les algues. Une partie de cet oxygène regagne l'atmosphère. On estime que l'Océan relâche plus d'oxygène dans l'air que toutes les forêts du monde et que c'est donc lui le véritable poumon de la planète ! Le dioxyde de carbone (CO_2) – principal responsable de l'effet de serre à l'origine du réchauffement actuel du climat – est aussi présent dans l'Océan. Ce gaz a tendance à se dissoudre dans les eaux froides et il coule avec les courants verticaux qui plongent vers les grands fonds. Les grands fonds constituent donc un " puits" de CO_2. Ce phénomène est très important pour le climat, car l'Océan peut stocker de gigantesques quantités de CO_2 et ainsi limiter l'effet de serre ! Mais ce "réservoir" à CO_2 n'est pas infini... Lorsque les grands fonds n'absorberont plus de CO_2, ce dernier s'accumulera dans l'air et le climat se réchauffera encore plus vite !

L'océan est en mouvement permanent et joue un rôle essentiel dans la régulation du climat mondial.

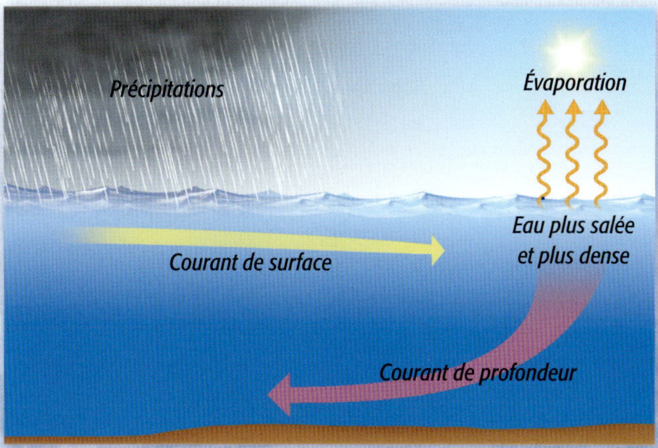

Échanges entre atmosphère et océan.

Un équilibre fragile

L'air, l'eau et la Terre sont profondément liés. Les mouvements et les échanges de chaleur, de gaz et d'eau entre l'Océan, l'atmosphère et les continents sont à la base de l'équilibre planétaire. L'Océan influence le climat, mais il est lui-même conditionné par les températures qui règnent à sa surface. Lorsque l'atmosphère change de température ou de composition, cela peut influencer les vents, les courants et donc la machine climatique toute entière. Comprendre ces mécanismes est important car ce sont eux qui rendent la vie possible sur Terre grâce à un climat ni trop chaud ni trop froid.

UN OCÉAN QUI DEVIENT PLUS ACIDE

L'augmentation de l'absorption de dioxyde de carbone par les océans provoque une acidification des mers. De nombreuses espèces risquent de souffrir de ce phénomène. Des organismes marins, comme les coraux, certains mollusques et des algues planctoniques par exemple, se fabriquent une coque ou une coquille calcaire. Mais cela sera plus difficile à réaliser dans une eau devenue plus acide. Quels seront les effets sur les chaînes alimentaires marines ?

30 % du dioxyde de carbone (CO_2) émis chaque année par les hommes dans l'atmosphère est absorbé par l'Océan.

En janvier 2009, plus de 150 scientifiques originaires de 26 pays publient la Déclaration de Monaco *pour alerter la communauté internationale sur les dangers de l'acidification des océans et l'inciter à réduire les émissions de CO_2.*

Monstres et légendes

Pendant longtemps, les hommes ont cru que les abysses étaient peuplés de monstres effrayants, énormes et sanguinaires. Ces créatures légendaires ont hanté les cauchemars des marins et terrorisé les naufragés. Souvent inspirées d'animaux réels, elles ressemblaient à des serpents géants, des pieuvres gigantesques, des dragons ou des sirènes...

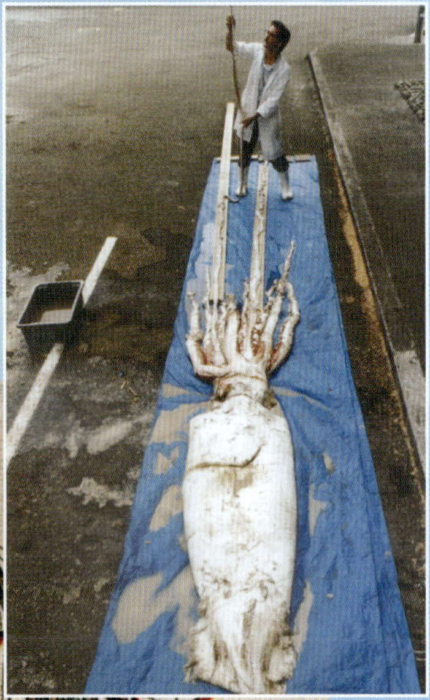

Ventouses et tentacules

Le *kraken* est célèbre dans la mythologie scandinave. Ce calamar monstrueux surgirait de l'océan, en déployant des tentacules sinueux garnis de ventouses aussi grosses que des assiettes, pour engloutir un navire tout entier avec ses passagers ! Les récits des marins racontent des rencontres terrifiantes avec des spécimens de plusieurs centaines de mètres de long. Si cette taille semble exagérée, il existe bien des calamars géants dans les profondeurs (*voir p. 44-45*). Mais on ne les connaît que par quelques morceaux de tentacules retrouvés dans le ventre des cachalots et par de rares animaux entiers échoués sur la grève ou pêchés au large. Selon les scientifiques, ce calamar abyssal pourrait mesurer jusqu'à 25 m !

Prisonnier d'une pieuvre géante comme dans cette peinture aborigène, ou victime d'une attaque comme dans cette gravure du XVIIIe siècle, les hommes ont toujours fantasmé sur les créatures marines.

Le grand requin blanc, responsable de plusieurs attaques mortelles contre l'homme, est sans doute à l'origine de bien des histoires de monstres marins sanguinaires.

Le vlétif est un monstre marin imaginaire décrit en 1575 par André Thevet. D'après l'explorateur français, ce poisson des côtes africaines possède une scie sur le nez, une tête de dragon, des crocs acérés et il attaque les hommes sur le rivage pour les manger !

Serpents et dragons

Il existe dans les mers chaudes des serpents marins très venimeux qui mesurent moins de 2 m de long. Ils n'ont cependant rien à voir avec le redoutable serpent de mer qui, selon plusieurs récits, atteindrait des dizaines de mètres de longueur, serait muni de grandes dents et d'une crinière, parfois même d'une carapace. Cet animal redoutable aurait été aperçu par des pêcheurs et des marins en Norvège, en Amérique du Nord et au Vietnam aux XVIIIe et XIXe siècles. Un autre monstre repéré dans les eaux australiennes, le dragon de mer à la tête pourvue d'une crête, est cité dans des textes datant du début du XXe siècle. Ces serpents ou dragons ont pu être confondus avec des paquets d'algues ou de grands squales. Plus probablement, il pourrait s'agir d'un monstre bien réel mais inoffensif, le régalec ou "roi des harengs". Cet étrange poisson possède une nageoire dorsale rouge vif et arbore une houppette sur la tête. Il vit jusqu'à 1 000 m de fond et peut mesurer 7 m.

Ce monstrueux serpent marin, dessiné dans un ouvrage d'histoire naturelle daté de 1603, ressemble étrangement au bien réel régalec.

Cette sirène coquette – elle tient dans ses mains un peigne et un miroir – a été moulée dans de l'étain au XVe siècle.

Mi-homme, mi-poisson

Les sirènes, qui envoûtent de leurs chants mélodieux les matelots jusqu'à les rendre fous, sont les héroïnes d'innombrables contes et légendes. Comme la mer, la sirène est belle mais dangereuse... Des gravures et des dessins naturalistes datant de plusieurs siècles représentent des êtres encore plus étranges. On y voit des bêtes énormes aux dents monstrueuses et au corps couvert d'écailles, des licornes de mer aux gueules effrayantes, ou encore une créature fantastique ressemblant à un moine qui possède une tête pointue couverte d'écailles et deux pattes d'oiseau ! Il faut dire que l'apparition près de la surface d'une baleine de 30 m de long, d'un requin pèlerin de plusieurs mètres, d'un narval – mammifère marin doté d'une longue corne au bout du nez –, ou d'un poisson-scie, a de quoi enflammer les imaginations. Aujourd'hui encore, on n'a sûrement pas identifié tous les animaux qui se dissimulent au fond des ténèbres océaniques. Peut-être les abysses abritent-ils d'autres "monstres" dont nous ignorons l'existence...

En 1930, le navire océanographique Dana remonte à son bord une larve de 2 m d'un poisson inconnu apparenté aux anguilles. Si la croissance de cette espèce est semblable à celle de l'anguille (dont la larve atteint 10 cm seulement), l'adulte devrait mesurer 36 m ! Le mystère reste entier à ce jour...

Le Megamouth, ou requin à grande bouche, vit à plus de 100 m de fond et ne remonte en surface que la nuit pour manger. Il a été découvert pour la première fois il y a à peine plus de 30 ans, en 1976. Pourtant, cet animal pèse une tonne et mesure près de 5 m !

Les débuts de l'exploration

325 ans avant notre ère, Alexandre le Grand, roi de Macédoine, aurait été le premier explorateur à descendre sous l'eau à bord d'un sous-marin : il s'agissait d'un simple tonneau de bois couvert d'une peau d'âne ! Il faudra toutefois attendre le début du XXe siècle pour que l'homme plonge à plusieurs centaines de mètres sous la surface et contemple enfin de ses propres yeux l'infinité abyssale qui se dévoile dans la faible lueur des lampes...

UN BATHYSCAPHE, COMMENT ÇA MARCHE ?

Pour ne pas qu'il soit écrasé par la pression, le bathyscaphe possède des parois constituées d'un acier épais. Par contre, son flotteur est empli d'essence, une substance plus légère que l'eau. Lorsque le submersible descend, l'essence se comprime sous l'effet de la pression et l'eau de mer pénètre dans ce réservoir. Elle alourdit le bathyscaphe qui coule. Pour remonter, le pilote largue le lest (de la grenaille de fonte) embarqué à bord.

La bathysphère de Beebe et Barton

Le naturaliste William Beebe (1877-1962) et l'ingénieur Otis Barton (1899-1992) vont mettre en commun leur expérience pour réaliser un exploit. En 1930, les deux Américains construisent une sphère en métal qui peut résister aux hautes pressions des abysses : elle mesure 1,34 m de diamètre et pèse 2,5 tonnes. La sphère est descendue dans l'eau accrochée à un câble. Les deux hommes effectuent une trentaine de plongées dans leur bathysphère. Le 15 août 1934, ils atteignent la profondeur record de 923 m au large des Bermudes.

Un numero arretrato Cent. 30
PER GLI ABBONAMENTI indirizzare vaglia alla Amministrazione in Torino, corso Valdocco, N. 2. Italia e Colonie: Anno L. 19; Semestre L. 10 Estero: Anno Lire 40 — Semestre Lire 20 50

ILLUSTRAZIONE DEL POPOLO

Venti pagine - Centesimi 40
PER GLI ANNUNCI A PAGAMENTO rivolgersi all'Agenzia G. Breschi - Milano, via Salvini 10, e sua succ. a Parigi, 54, Faubourg Saint Honoré, oppure all'Amministrazione del Giornale - Torino, corso Valdocco, 2.

Il prof. Beebe, sceso con la sua « batisfera » a 1000 metri di profondità nell'Oceano Atlantico, osserva le strane forme di animali viventi negli abissi sottomarini.
(Leggere la notizia a pagina 2)
(Disegno di Aldo Molinari)

Alors qu'il effectue une plongée, William Beebe réalise la première – et l'une des rares – émission en direct des abysses. Relié à la surface par un câble téléphonique, il fait part de ses observations et décrit les animaux bioluminescents qu'il aperçoit. Ses commentaires sont retransmis à la radio.*

Au cours d'une conversation avec William Beebe, le président des États-Unis, Théodore Roosevelt, dessine sur une nappe un projet de submersible sphérique : c'est en effet la forme qui permet la meilleure résistance aux énormes pressions abyssales.

Le *FNRS 2* et le *FNRS 3*

Le physicien suisse Auguste Piccard (1884-1962) s'intéresse à l'exploration du ciel avant de se lancer dans l'aventure des abysses. En 1931, il envoie un ballon à près de 17 000 m d'altitude : c'est le *FNRS 1* financé par le Fonds national de la Recherche scientifique belge. Six ans plus tard, Piccard imagine un "dirigeable sous-marin" capable de descendre dans les abîmes océaniques. En 1948, le *FNRS 2* plonge sans personne à son bord au large de Dakar jusqu'à 1 380 m. Mais le sous-marin est endommagé au cours du remorquage et doit être perfectionné pour être plus résistant. La construction du *FNRS 3* est confiée à la Marine nationale française. En 1954, ce bathyscaphe atteint 4 000 m avec un équipage de deux personnes.

Le *Trieste*

Auguste Piccard, qui a délaissé le projet *FNRS 3*, s'intéresse toujours aux grands fonds. Il collabore avec le Musée maritime de Trieste (Italie) sur le projet d'un nouvel engin d'exploration, le *Trieste*, qui plongera à plus de 3 000 m. Acheté en 1957 par la *US Navy*, la marine américaine, le *Trieste* est modifié pour être capable de descendre à 11 000 m. En 1960, il effectue avec deux hommes à bord une plongée historique dans le Challenger Deep, le point le plus profond du globe (10 916 m) repéré par sondage dans la fosse des Mariannes, au large des Philippines. À son retour, les ingénieurs constatent que certains éléments du bathyscaphe ont été affectés et présentent un risque et le *Trieste* ne plongera jamais plus (*voir DVD, Film 1, chap.6*).

L'*Archimède*

La course aux grandes profondeurs est commencée. Une compétition s'engage entre la France et les États-Unis. Pour atteindre les premiers le fond des océans, les Français construisent un nouveau sous-marin, le *B 11 000*, qui sera plus tard baptisé l'*Archimède*. En 1962, il plonge au fond de la fosse des Kouriles, au large du Japon. Des relevés russes ont indiqué que sa profondeur atteint environ 10 500 m. Mais c'est une erreur et l'*Archimède* touche le fond à 9 545 m ! Jusqu'en 1975, l'*Archimède* effectuera une centaine de plongées permettant l'étude scientifique des océans entre 5 000 et 8 000 m. Depuis 2001, il est exposé à la Cité de la Mer à Cherbourg, dans le Cotentin.

Lorsqu'il pratique les premiers essais en mer avec le FNRS 2*, Auguste Piccard fait plonger son submersible sans personne à bord. Piccard a donc bricolé un réveille-matin qui doit à une heure donnée provoquer la coupure de l'alimentation des batteries et la remontée du bathyscaphe.*

Le professeur Tournesol, héros des aventures de Tintin dessinées par Hergé, a été inspiré par le physicien Auguste Piccard, inventeur de ballons atmosphériques et de sous-marins. Ainsi, ses petites lunettes rondes et sa chevelure ébouriffée sont devenues célèbres dans le monde entier !

Le HMS Challenger *près des Rochers de Saint-Paul (minuscules îles brésiliennes) et un de ses deux laboratoires.*

Les campagnes océanographiques

Pour découvrir les mystères des abysses, les savants ont longtemps dû se contenter de sonder l'abîme océanique à l'aide de cordes de chanvre et d'étudier la faune remontée à bord avec des filets et des lignes de pêche. Malgré ces techniques rudimentaires, ils sont parvenus à se faire une idée des mystères des profondeurs.

Le tour du monde du *Challenger*

En 1872, les Britanniques lancent sur les mers le premier grand navire océanographique de l'histoire, le *HMS Challenger*. Ce magnifique voilier est une frégate de 68 m de long équipée d'une machine à vapeur. À bord, les scientifiques disposent de deux laboratoires, et d'un treuil pour les filets de pêche et les dragues servant à la récolte des minéraux. Pour mesurer la profondeur, ils utilisent un système de sondage fabriqué avec des cordes de piano au lieu des filins de chanvre classiques. Dirigés par Sir Charles Wyville Thomson (1830-1882), des chercheurs dans toutes les disciplines étudient la faune abyssale, la pénétration de la lumière dans l'océan, la composition géologique et le relief des sols, la chimie de l'eau de mer, la température et la pression sous l'eau, les courants... Ils vont résoudre des questions importantes comme la composition de l'eau de mer et apporter la preuve que la vie existe aux plus grandes profondeurs.

Pour mesurer la température en profondeur, les océanographes du XVIIIe siècle utilisent un thermomètre à renversement qui se bloque lorsqu'on le retourne : on le fait basculer à la profondeur désirée, ce qui évite un changement de température au cours de la remontée à bord de l'appareil.

492 sondages dont le plus profond à 8 180 m seront réalisés au cours du voyage du HMS Challenger. *Le navire restera en mer trois ans et effectuera un périple de 127 500 km autour du monde !*

Les voyages d'Agassiz

À bord de l'*Albatross* et du *Blake*, le zoologue américain Alexander Agassiz (1835-1910) analyse la faune abyssale au cours de plusieurs voyages effectués entre 1877 et 1891. Il étudie la distribution des espèces et constate que la faune se raréfie en fonction de la profondeur. Il met en évidence le fait que la vie abyssale dépend de la surface, car les animaux s'y nourrissent de restes et de débris de matière vivante provenant des couches d'eau supérieures. Il est aussi le premier à découvrir l'existence de formations géologiques importantes au fond de l'océan : il s'agit de la dorsale océanique* qui sera réellement mise en évidence une cinquantaine d'années plus tard.

Le prince océanographe

Le prince Albert Ier de Monaco (1848-1922), qui règne sur la principauté de 1889 à 1922, consacre une grande partie de sa vie aux océans, ce qui lui vaut les surnoms de "prince savant" ou de "prince navigateur". Entre 1873 et 1911, il arme quatre navires océanographiques : l'*Hirondelle I* et *II*, le *Princesse Alice I* et *II*. Albert Ier part à la découverte de l'Atlantique, de ses courants et de sa faune abyssale. Il invente de nombreux engins – des chaluts, des nasses, des dragues – qui permettent de capturer les animaux des grandes profondeurs. En 1901, il remonte à bord un poisson pêché à 6 035 m de fond, un record qui ne sera renouvelé que 47 ans plus tard ! Le prince savant crée aussi la fondation qui porte son nom, avec deux établissements, l'Institut océanographique de Monaco et celui de Paris.

Cap sur les grandes fosses marines !

En 1951, l'expédition du *Galathea* a pour objectif d'explorer les gouffres océaniques les plus profonds. Le Danemark, qui affrète le bateau, a réuni une équipe de scientifiques pour sonder les fosses des Philippines et de Java jusqu'à 10 000 m. Les chaluts remontent des animaux nageurs comme des crevettes et des poissons, mais aussi des anémones de mer, des coquillages ou des vers marins qui vivent sur le fond. La vie s'est donc installée partout, même dans ce milieu si hostile.

Vue du pont du Blake. Le matériel est prêt pour une opération de draguage.

Le prince Albert Ier de Monaco surveille la mise à l'eau d'un filet. En bas, ses marins au repos !

70 spécialistes travaillent pendant 23 ans pour analyser les milliers de mesures et d'échantillons récoltés au cours de l'expédition du HMS Challenger ! Les résultats seront publiés en une quarantaine de volumes...

Sur les bateaux océanographiques du prince Albert, le chalut est tiré à bord à la force des bras. Les matelots doivent travailler 20 heures pour remonter un filet immergé à 2 800 m de profondeur !

Les sous-marins d'exploration profonde actuels

À partir des années 1960, les ingénieurs abandonnent les gros bathyscaphes pour des submersibles plus petits, faciles à transporter sur un bateau et dont le coût de construction reste abordable. En 2008, cinq sous-marins scientifiques seulement appartenant à quatre pays (États-Unis, France, Russie, Japon) sont capables de descendre en eau très profonde. Cet équipement très réduit limite bien sûr l'exploration des abysses.

L'*Alvin*

Ce sous-marin américain capable de descendre à 4 500 m avec trois personnes à son bord est le premier engin d'exploration profonde des temps modernes. Construit par la Marine américaine en 1964, il participe aux expéditions du *Woods Hole Oceanographic Institution*, l'organisme de recherche océanographique américain. Au cours de son histoire, il a été utilisé pour repêcher une bombe nucléaire coulée accidentellement en 1966 et a servi au repérage du *Titanic* en 1986. Il faisait partie de l'expédition qui a découvert les cheminées hydrothermales en 1977 (*voir p. 47*). *Alvin* a été rénové et, en 2008, il avait totalisé 4 200 plongées !

Le *Nautile*

Le petit sous-marin jaune de l'Ifremer (Institut Français de Recherche pour l'Exploitation de la Mer) descend à 6 000 m. Depuis plus de vingt ans – il a été créé en 1984 –, il emmène à chaque plongée trois passagers qui observent les paysages extraordinaires et la faune surprenante des abysses. Équipé de deux bras articulés, il peut prélever des échantillons de roche ou des animaux. Des caméras et des appareils photos, déclenchés par le pilote, sont fixés sur sa coque. Le *Nautile* rapporte ainsi de précieux témoignages en images des plongées profondes exceptionnelles qu'il effectue dans l'Océan mondial (*voir p. 34-35*).

Depuis 2005, un nouveau sous-marin est en cours de construction aux États-Unis. Il devrait remplacer l'Alvin qui a plus de quarante ans. Un peu plus grand, mieux équipé, il descendra jusqu'à 6 500 m, soit 2 000 m plus bas que son prédécesseur.

En 1995, puis en 2001 et 2005, James Cameron loue les services des sous-marins Mir 1 *et* Mir 2 *pour réaliser son film* Titanic *et plusieurs documentaires sur la fouille de l'épave qui repose à près de 4 000 m.*

Mir 1 et *Mir 2*

Capables d'aller à 6 000 m de fond, les sous-marins russes *Mir 1* et *Mir 2*, construits en 1987, présentent le grand avantage d'être… deux ! L'équipage de leur bateau porteur – le *Keldysh* – peut en effet en mettre un à l'eau, tandis que l'autre reste à bord. En cas de problème au fond, le second est aussitôt largué afin de porter secours aux océanautes. Et l'entraide est aussi possible : ainsi, par exemple, alors que l'un des *Mir* se charge de l'éclairage, l'autre effectue des prélèvements ou des films.

Des robots dans les abysses

La mise en œuvre d'un sous-marin habité, même s'il est petit et léger, est complexe et coûte relativement cher. Pour étudier les abysses, les scientifiques utilisent des robots sous-marins : les ROV (Remotely Operated Vehicle) *reliés à leur bateau-porteur par un câble, ou les AUV* (Autonomous Underwater Vehicle), *autonomes et téléguidés depuis la surface. Ces robots réalisent aussi certains travaux sous-marins, comme la réparation d'une installation immergée, ou participent à la fouille d'une épave.*

Shinkai 6500

Plongeant jusqu'à 6 500 m, ce submersible japonais mis en service en 1989 a accès à 99 % des fonds sous-marins. Comme les autres engins d'exploration profonde, il embarque trois personnes à bord. En 2007, le *Shinkai 6500* a effectué sa millième plongée. À son bord, des scientifiques stupéfaits ont découvert en 1991 des sources froides profondes à plus de 6 000 m dans la fosse du Japon (*voir p. 50-51*). Un an plus tard, le *Shinkai* plonge sur un squelette de baleine à 4 000 m sur lequel de nombreux animaux se sont installés pour se nourrir et, en 1998, il permet l'observation d'une nouvelle espèce de calamar géant.

La soucoupe plongeante Denise conçue en 1959 par l'équipe du commandant Cousteau plongeait à 350 m. L'Ifremer fait construire en 1970 une deuxième soucoupe, Cyana, qui atteint 3 000 m de fond. Elle est aujourd'hui exposée à la Cité de la Mer à Cherbourg, dans le Cotentin.

Dans la course aux grandes profondeurs, la Chine veut prendre sa place. Elle a annoncé avoir entrepris la construction d'un submersible capable de descendre à 7 000 m. Ce serait alors le sous-marin le plus profond du monde !

L'exploration moderne

La conquête des abysses débute véritablement dans la deuxième moitié du XXe siècle. Les scientifiques, mais aussi les prospecteurs et les industriels, rêvent d'éventuelles richesses vivantes, minérales ou énergétiques qui reposeraient au fond des mers. Grâce à des moyens techniques en plein développement, l'aventure peut commencer.

Un travail international

Le relief sous-marin est connu dans les grandes lignes, mais la composition des fonds – qui recèlent des métaux, des minéraux, des réserves de pétrole et de gaz – reste en grande partie un mystère. Les géologues s'interrogent aussi sur la formation des océans et les mouvements des plaques terrestres qui constituent le plancher océanique. À partir des années 1960, grâce à la construction de sous-marins scientifiques, des campagnes internationales d'exploration sont lancées par de grands organismes océanographiques. Ils sont américains, comme la NOAA (*National Oceanographic and Atmospheric Agency*) et la *Woods Hole Oceanographic Institution* ; français comme le CNEXO (Centre national pour l'Exploitation des Océans) devenu l'Ifremer en 1984 (Institut français de Recherche pour l'Exploitation de la Mer), ou encore l'Académie des Sciences russe, et le JAMSTEC (*Japan Agency for Marine-Earth Science and Technology*) au Japon.

Les grandes découvertes

Pour comprendre l'histoire de la Terre et les mystères de sa formation, il faut pouvoir observer la dorsale océanique* et les zones de jonction des plaques qui constituent l'écorce terrestre. La première grande expédition sur la dorsale, appelée FAMOUS (*French American Mid Ocean Undersea Survey*), se déroule entre 1971 et 1974. Les scientifiques plongent dans l'Atlantique avec le submersible *Alvin*, la soucoupe plongeante *Cyana* et le bathyscaphe *Archimède*, ce qui leur permettra de confirmer la théorie de la dérive des continents (*voir p. 10*). En 1977, sur la dorsale des Galápagos, l'équipage de l'*Alvin* aperçoit des sources d'eau chaude, dites hydrothermales, autour desquelles se développe une vie sous-marine foisonnante. En 1985, la mission franco-japonaise KAIKO étudie les failles et les volcans abyssaux au large du Japon. Son objectif est de mieux comprendre comment et pourquoi les séismes frappent si souvent et si sévèrement l'archipel nippon. Depuis la fin des années 1980, plusieurs explorations profondes avec des submersibles ou des robots se sont succédé, mais elles

Des satellites comme le Topex / Poséidon, développé par l'agence spatiale américaine NASA et par le Centre national d'Études spatiales en France, ont permis d'étudier les reliefs sous-marins. Ainsi la localisation précise de 14 287 grands volcans sous-marins a pu être déterminée.

En 1995, le robot sous-marin japonais Kaiko *plonge à 10 897 m pour étudier la fosse la plus profonde du monde, celle des Mariannes dans l'océan Pacifique. Mais en 2003, ce précieux engin d'exploration est perdu en mer au cours d'une tempête et ne pourra jamais être retrouvé.*

Le satelitte Jason 1 *surveille de très près l'humeur des océans.*

coûtent cher et la recherche océanographique manque de moyens. La science est pourtant essentielle pour mieux comprendre et protéger les grands fonds, des milieux fragiles qui sont déjà exploités de façon industrielle.

L'Eldorado abyssal

En effet, si les expéditions permettent aux connaissances d'avancer, elles révèlent aussi des richesses inexploitées qui excitent l'intérêt des industriels et des responsables politiques : pétrole, gaz, minéraux. Les roches prélevées à la sortie des sources hydrothermales, par exemple, sont riches en cuivre, en fer, en zinc… Des gisements d'hydrates de méthane découverts en 1984 dans le golfe du Mexique pourraient devenir une nouvelle source d'énergie pour l'humanité (*voir p. 56-57*). Les chercheurs n'ont encore qu'une idée approximative de la diversité des espèces abyssales, qui atteindrait peut-être 10 millions d'espèces ! Cette faune constitue une extraordinaire "banque" de gènes encore inconnus dont on pourrait tirer des médicaments ou des produits chimiques. Ces trésors, tous les pays aimeraient se les approprier ! Les grandes profondeurs représentent des enjeux considérables qui dépendent encore aujourd'hui d'une réglementation internationale très limitée.

Ces dernières années, les plongées sur les volcans sous-marins ont montré d'importantes concentrations de poissons à leur sommet, ce qui a attiré les pêcheurs. Ces ressources, dès à présent surexploitées, doivent être protégées par des mesures internationales.

La découverte en 1977 des sources hydrothermales sera fondamentale pour la science : pour la première fois on découvre un écosystème qui fonctionne indépendamment de l'énergie du Soleil.*

Une aventure scientifique et technologique

Les grandes campagnes scientifiques actuelles réunissent des spécialistes de toutes les disciplines : biologie, géologie, physique, chimie... Un institut de recherche américain sur la baie de Monterey en Californie (*Monterey Bay Aquarium Research Institute*, ou MBARI) fait aussi participer des ingénieurs à ses expéditions. L'objectif est d'allier science et technologie pour une meilleure connaissance de l'océan.

Ouvrir les frontières des abysses

L'avancée des connaissances sur les océans est limitée par des problèmes techniques, tout particulièrement dans les sciences ayant trait aux grandes profondeurs. Pour mener à bien ses recherches, le MBARI met au point des technologies qui servent à ses propres études, mais aussi à l'ensemble des océanographes du monde. Le MBARI possède trois navires et plusieurs engins d'exploration : des robots sous-marins autonomes et deux robots reliés par câble à la surface. Ces appareils sont équipés d'un matériel sophistiqué pour prendre des mesures, effectuer des prélèvements de roches, recueillir des échantillons de la faune, ou encore photographier et filmer. Les chercheurs explorent ainsi un canyon à 4 000 m de fond, au large de la côte ouest des États-Unis, où est localisé l'Institut.

Certains animaux n'ont pratiquement jamais été observés dans le milieu naturel. On ne les connaît que par l'étude de spécimens morts et très abîmés, remontés dans les filets de pêche. Il est alors difficile de se faire une idée de leur mode de vie.

En 2008, le MBARI installe une station d'observation à 900 m de fond. Non habitée, elle est alimentée en énergie et pilotée depuis la surface. L'équipement de cette station pourra filmer et enregistrer de nombreuses données qui permettront de mieux connaître le milieu abyssal.

Au service de la science

Depuis vingt ans, le MBARI mène des missions d'évaluation de la biodiversité marine dans les eaux californiennes profondes. Les biologistes étudient également la lumière émise par certaines espèces. Embarqués à bord du vaisseau *RV Western Flyer*, les chercheurs utilisent *Tiburon*, un petit robot téléguidé équipé d'instruments et de matériel électronique ❶. Une fois *Tiburon* immergé, la caméra installée dessus permet aux scientifiques à bord du navire de repérer la faune. Ils peuvent alors guider le robot et prélever un spécimen grâce à un système ingénieux : l'animal est aspiré dans un bocal qui est scellé sous l'eau et accroché à *Tiburon* ❷. Les biologistes pourront ainsi l'étudier ultérieurement en laboratoire. Les spécialistes ont aussi recours à des chaluts pour pêcher à moyenne profondeur.

❶

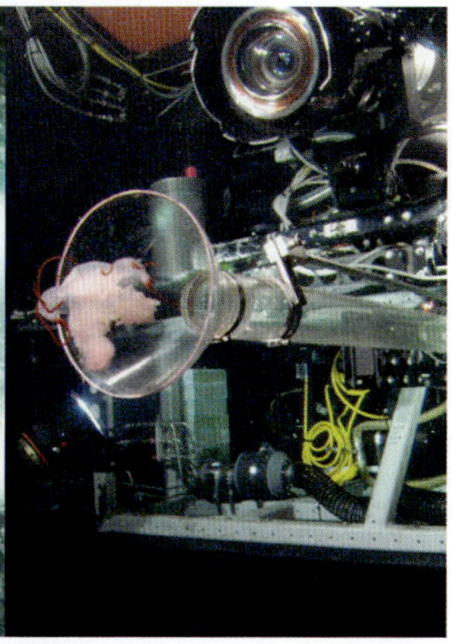

❷

LE PROGRAMME MAR-ECO

En Europe, un programme basé sur la coopération internationale s'est déroulé entre 2001 et 2008 pour inventorier et étudier la faune de la dorsale océanique dans l'Atlantique Nord, entre l'Islande et les Açores (îles au large du Portugal). Des chercheurs de seize pays ont participé à cette opération qui a nécessité l'intervention de plusieurs navires océanographiques et de robots sous-marins. Plus de 80 000 spécimens ont été récoltés et plusieurs nouvelles espèces de poissons et de céphalopodes (calamars et pieuvres) ont été identifiées.

À chaque plongée, les scientifiques du MBARI photographient des espèces inconnues, tel ce cténophore, un animal au corps gélatineux apparenté aux méduses. Page 30, l'animal est un cérianthe, proche des anémones de mer. Son corps est abrité dans un tube fixé sur le fond ; seuls émergent ses tentacules fluorescents.

À la découverte de l'extraordinaire vie abyssale

Au cours de ses missions, le *Tiburon* a collecté une faune variée : un calamar "vampire", de magnifiques méduses et des siphonophores – des animaux gélatineux proches des méduses. Des plongées jusqu'à 3 600 m de fond permettent d'observer des espèces fluorescentes, comme les pennatules (animaux proches des coraux) qui renvoient une lueur jaune-verte lorsqu'ils sont éclairés par les projecteurs. Les scientifiques découvrent aussi un poisson "dragon" qui possède autour des yeux des organes qui émettent une lumière rouge. Dans le faisceau bleu des projecteurs, ses écailles deviennent fluorescentes et scintillent de mille éclats verts et écarlates : un feu d'artifice surprenant dans l'obscurité de la nuit abyssale...

Pour observer la fluorescence des animaux, les océanographes utilisent des projecteurs en lumière bleue. Sous cet éclairage, certaines espèces renvoient une lumière jaune, verte ou rouge.

En 2008, des scientifiques des universités d'Aberdeen et de Tokyo parviennent, pour la première fois, à filmer à 7 700 m dans l'océan Pacifique ! Ces images montrent de nombreux poissons de couleur livide en train de se nourrir de petits crustacés vivant sur le fond.

Au large de Marseille, en Méditerranée, un scaphandrier respirant un mélange à base d'hélium regroupe les amphores retrouvées sur l'épave Sud Caveaux 1 *pour les faire remonter.*

Épaves au fond des mers

Témoins de l'histoire, des épaves antiques ou modernes jonchent le fond des océans. Beaucoup d'entre elles sont situées à proximité des côtes, où elles ont coulé suite à un échouage sur un rocher ou un récif. Mais elles sont plus nombreuses encore à reposer à des profondeurs presque inaccessibles. Ces vestiges du passé excitent l'imagination et la convoitise des chercheurs de trésors et des archéologues.

Un musée sous-marin

Selon certains archéologues, il pourrait y avoir jusqu'à un million d'épaves sous l'océan ! Actuellement, seules 100 à 200 ont été localisées à plus de 200 m de fond. Leur exploration nécessite des moyens importants. Leur recherche commence en général par un véritable travail d'enquête en bibliothèque : il faut connaître l'histoire du navire, son voyage, et au moins la date et le lieu approximatif du naufrage. La difficulté suivante est de trouver des financements pour lancer une mission de repérage sur place. Une fois l'épave retrouvée, il faut organiser la fouille : cela signifie l'utilisation d'un navire, d'un submersible ou d'un robot lorsque l'épave est coulée à grande profondeur. Il faut aussi réunir un équipement complexe pour dégager et remonter les objets et s'entourer d'une équipe d'archéologues sous-marins professionnels. C'est donc une aventure passionnante, mais longue et difficile, qui attend les amateurs d'épaves !

Franck Goddio a retrouvé 15 000 pièces en porcelaine, de l'or et des bijoux dans l'épave du Royal Captain. Mais sa découverte la plus étonnante est celle d'une bouteille de vin, au bouchon de liège intact, immergée depuis plus de deux siècles !

Pour explorer les épaves profondes, les spécialistes utilisent une technologie de pointe : des appareils à résonance magnétique nucléaire, des pompes électriques submersibles, des systèmes de prises de vue capables de supporter d'énormes pressions et divers engins téléguidés !*

Le *Royal Captain* en mer de Chine

L'archéologue sous-marin Franck Goddio a créé l'Institut européen d'Archéologie sous-marine (IEASM) en 1985. La même année, il commence à rechercher l'épave du *Royal Captain*. Ce vaisseau de la Compagnie anglaise des Indes orientales a fait naufrage le 17 décembre 1773 dans l'océan Pacifique, en revenant de Canton. Il faudra dix ans à l'archéologue pour déterminer la position exacte de l'épave, qui gît par 350 m de fond au sud de la mer de Chine. Quatre années supplémentaires seront nécessaires pour démarrer une fouille approfondie. Finalement, en 2000, Franck Goddio réussit à réunir une équipe de 60 personnes. Il dispose d'un navire et de deux sous-marins, *Jules* et *Jim*, capables de descendre à 1 000 m, qui effectueront les plongées de repérage et réaliseront les images. Un système de monte-charge est mis au point pour récupérer les porcelaines et autres objets découverts dans la carcasse du bateau. La cloche en bronze du navire est retrouvée à 470 m !

Après plus de deux siècles au fond de la mer de Chine, le Royal Captain *livre ses secrets à l'équipe d'archéologues sous-marins menée par Franck Goddio.*

Opération menée par la Comex (voir p. 60-61), le ROV Achille découvre une céramique sur le site.

Image extraite du film documentaire Les Fantômes du Titanic (Ghosts of the Abyss)*, réalisé par James Cameron.*

L'aventure du *Titanic*

La nuit du 14 avril 1912, le luxueux paquebot *Titanic* heurte un iceberg au large de Terre-Neuve, dans l'Atlantique Nord. Il sombre en moins de trois heures. Près de 1 500 personnes vont périr sur les 3 500 qui étaient à bord. 73 ans plus tard, en 1985, l'épave est retrouvée par une équipe dont fait partie le chercheur d'épaves américain Robert Ballard. Le *Titanic* a coulé à 3 780 m de fond ! En 1986, le submersible américain *Alvin* et, un an plus tard, le sous-marin français le *Nautile* plongent repérer les restes du paquebot. Plusieurs expéditions sont ensuite organisées pour fouiller l'épave et remonter environ 10 000 objets : vaisselle, bijoux, éléments de décoration, affaires personnelles des passagers... Tous témoignent de manière émouvante d'une des plus grandes catastrophes maritimes du XXe siècle. En 2001 et en 2005, James Cameron, réalisateur du film *Titanic*, plonge sur l'épave et produit deux documentaires : *Les Fantômes du Titanic* et *Les derniers mystères du Titanic*. L'épave a été déclarée mémorial maritime, en hommage aux victimes du naufrage.

L'archéologue sous-marin américain Robert Ballard découvre en 1988 au large de la Sicile, sur le site de Skerki Bank, plusieurs épaves qui reposent par près de 800 m de fond. Cinq de ces navires datent de l'époque romaine. Leur exploration s'est poursuivie jusqu'en 2004.

Le cuirassier allemand Bismarck est torpillé par les Britanniques en mai 1941, pendant la Seconde Guerre mondiale. Il coule à 4 700 m de fond dans l'Atlantique. James Cameron, réalisateur américain du film Titanic, filme l'épave et raconte l'histoire du cuirassé dans un documentaire produit en 2002.

Plonger avec le *Nautile*

Grâce à cet engin extraordinaire, les chercheurs ont pu découvrir de nombreux secrets des abysses. Plonger à bord du *Nautile*, c'est un peu comme voyager dans l'espace... Embarque avec eux pour une exploration des grands fonds dans l'océan Atlantique !

La mission

Les scientifiques ont prévu de descendre inspecter la dorsale océanique* à bord du *Nautile*. Un portique installé à l'arrière du navire océanographique l'*Atalante* permet de le mettre à l'eau et de le remonter. Les préparatifs commencent au petit matin avec l'installation du matériel scientifique dans le submersible. Le pilote, le copilote et un scientifique doivent plonger. Tous enfilent une combinaison spéciale qui les protégera en cas de feu dans l'habitacle du sous-marin. Le pilote ferme le panneau. À l'intérieur, les passagers sont très à l'étroit. Le copilote s'installe sur le siège central ; le pilote et le scientifique s'allongent sur les couchettes. Porté par un câble accroché au portique, le *Nautile* est descendu dans l'eau où des plongeurs l'attendent. L'un d'entre eux largue le câble, les autres vérifient que tout est en place et le submersible peut enfin s'enfoncer sous l'eau...

La descente

Jusqu'à environ 200 m, on perçoit de plus en plus faiblement la lumière du jour. Après, ce sont les ténèbres absolues... Grâce à son lest, le *Nautile* se laisse couler à la vitesse d'environ 2 km/h. Il va donc mettre 1 heure et demie pour arriver sur la dorsale à 3 000 m de fond. L'équipage s'est bien couvert pour ne pas avoir froid : la température dans la sphère descend à 10 °C, car elle n'est pas équipée de chauffages pour économiser l'énergie. Bientôt, le profondimètre indique que le fond ne devrait plus être loin. Le pilote met alors le sonar en marche. Dans la lumière des projecteurs, les premiers reliefs apparaissent... Ça y est, le *Nautile* est sur la dorsale !

Sur la dorsale

Du lest est largué et le sous-marin reste à l'horizontale près du fond. Le scientifique commente la plongée aux collaborateurs restés en surface grâce au téléphone de bord. Suivant ses indications, le pilote se dirige et actionne les bras articulés du *Nautile* pendant que le copilote surveille les paramètres de la plongée (localisation, composition de l'air dans l'habitacle, puissance des moteurs, consommation d'énergie...). Des échantillons de roche sont prélevés et déposés dans un

Le ROBIN – ou ROBot d'INspection du Nautile *– est piloté par l'équipage du sous-marin. Il est envoyé pour reconnaître, inspecter et filmer des endroits inaccessibles au* Nautile.

Le petit sous-marin jaune de l'Ifremer a déjà plongé environ 1 500 fois depuis sa mise en service en 1984. Capable d'atteindre 6 000 m de fond, il donne accès à 97 % des fonds océaniques.

panier envoyé depuis la surface grâce à une "navette", sorte d'ascenseur qui permet de remonter des éléments ramassés au fond.

Fin de mission

Après 6 heures passées sous l'eau, il est temps de remonter. Le pilote largue du lest. Environ 1 heure plus tard, le *Nautile* arrive à l'air libre. L'*Atalante* le localise et vient le chercher. C'est maintenant le travail en surface qui commence. L'analyse des éléments récoltés et des images prises au fond dureront de longs mois !

LE NAUTILE, MODE D'EMPLOI

Le** Nautile **mesure 8 m de long pour 2,70 m de large et pèse près de 20 tonnes.

Le Nautile *possède une réserve d'air suffisante pour tenir 120 heures. Un dispositif de sécurité est prévu pour permettre de le repérer au fond en cas de problème.*

Pas de toilettes à bord du Nautile *! Il faut éviter de boire trop lorsqu'on sait que l'on va plonger dans les heures qui viennent ; mais en cas de besoin trop pressant, les passagers peuvent uriner dans un flacon...*

Ombres furtives des profondeurs

Les hautes mers, qui couvrent plus des 2/3 de la surface de notre planète, représentent un enjeu stratégique et politique majeur. Les pays les plus puissants assurent leur présence dans ces eaux avec des navires en surface, mais aussi grâce à des sous-marins militaires. Discrets, silencieux, ils patrouillent les mers avec à leur bord des hommes entraînés à cette vie en vase clos, loin de la lumière du Soleil.

Des missions variées

Le contrôle des mers permet d'assurer la sécurité des ports, de la navigation des navires de commerce et des bateaux militaires. Les États veulent aussi pouvoir défendre leurs côtes et leurs eaux territoriales afin de maîtriser l'accès à leurs précieuses ressources marines. Les sous-marins militaires ont plusieurs fonctions : assurer des missions de sécurité, de renseignement, d'attaque, et aussi de recherche et de sauvetage. Ces sentinelles des ténèbres océaniques arpentent les hautes mers, à l'affût du moindre bruit sous l'eau, utilisant leurs puissants sonars pour capter les déplacements des navires en surface et des autres engins sous-marins. Officiellement, ils ne descendent qu'à quelques centaines de mètres – entre 200 et 600 m – soit beaucoup moins profond que les submersibles scientifiques.

Alexandria*, sous-marin nucléaire d'attaque américain (SSN 757), dans la baie de Souda en Crète, l'un des ports de base stratégiquement les plus importants de l'OTAN en Méditerranée.*

« La puissance maritime tient en premier lieu au commerce et celui-ci suit les routes les plus avantageuses ; la puissance militaire a toujours suivi le commerce pour l'aider à progresser et pour le protéger. » Alfred Mahan (1840-1914), stratège naval américain

Le sous-marin nucléaire français Le Redoutable, *maintenant désarmé et exposé à Cherbourg, dans le Cotentin, a passé 90 000 heures en plongée. Il a parcouru 1 270 000 km au cours de sa carrière, l'équivalent de 32 fois le tour de la Terre !*

La flotte sous-marine mondiale

Les sous-marins militaires sont répartis essentiellement dans deux groupes. Les SNA, ou sous-marins nucléaires d'attaque, envoient des torpilles et des missiles pour couler des sous-marins ou attaquer des cibles en surface (navires, cibles terrestres et même engins aériens comme des hélicoptères). Les SNLE, ou sous-marins nucléaires lanceurs d'engins, sont plus grands, moins mobiles. Ils sont équipés de missiles nucléaires et leur rôle est essentiellement dissuasif. Il existe aussi des sous-marins de sauvetage, capables d'effectuer des recherches sous l'eau et de récupérer un équipage en détresse après un accident. En 2006, seules les grandes puissances nucléaires mondiales – les États-Unis, la Russie, la Grande-Bretagne, la France et la Chine – possèdent des sous-marins nucléaires. L'Inde devrait en mettre un à l'eau courant 2009.

Dessin d'artiste d'un Virginia *(SSN 774), dernier-né des sous-marins nucléaires d'attaque de l'US Navy, mis en service en 2004.*

LES SOUS-MARINS NUCLÉAIRES

Les sous-marins dits "classiques" sont à propulsion électrique. Des moteurs diesels alimentent en surface leurs accumulateurs mais leur autonomie est réduite. Peu à peu, ils sont remplacés par les sous-marins à propulsion nucléaire apparus au début des années 1950. Ces sous-marins sont équipés d'un réacteur nucléaire utilisé pour produire de la vapeur d'eau qui actionne des turbines. Ces engins sont ainsi entièrement autonomes en énergie et pourraient passer des années au fond !

La vie d'un sous-marinier

Les sous-marins nucléaires peuvent rester plusieurs mois au fond des océans... Des systèmes qui absorbent le gaz carbonique et fabriquent de l'oxygène à partir de l'eau de mer permettent de maintenir une atmosphère respirable à bord. L'équipage vit donc enfermé dans ce cylindre de métal sans aucun moyen de s'échapper quelques instants dehors. À bord, il n'y a même pas de hublots ! L'espace est compté et, en général, seul le commandant dispose d'une cabine. Les sous-mariniers dorment dans des couchettes étroites appelées bannettes et stockent leurs affaires personnelles dans un caisson individuel. L'eau est recyclée à bord, mais l'économie est de règle et le nombre de douches par personne est limité par semaine. Pour garder le moral et passer le temps lorsqu'ils ne travaillent pas à assurer la bonne marche du sous-marin, les hommes peuvent compter sur les repas et les loisirs – lecture, jeux, films – avant de retrouver la surface et leur famille...

Instructions sur le périscope dispensées à de jeunes recrues dans un sous-marin nucléaire d'attaque.

** Huit sous-marins nucléaires ont sombré en mer (américains, soviétiques et russes). Il s'agissait d'accidents pour sept d'entre eux, le dernier a été coulé après son démantèlement. L'accident le plus mortel a été le naufrage en 2000 du sous-marin russe* Koursk, *qui a fait 118 victimes.*

En février 2009, deux sous-marins nucléaires, l'un anglais et l'autre français, se percutent dans l'océan Atlantique. Les submersibles étaient si silencieux qu'aucun n'a pu détecter l'autre ! Heureusement, leurs missiles n'étaient pas armés et la collision n'a pas provoqué de fuite radioactive...

Étranges créatures des profondeurs

Silhouettes fantomatiques, apparitions écarlates... les animaux des grands fonds ont souvent un aspect bizarre, extravagant ou effrayant. Tout comme leurs cousins de surface, pieuvres, méduses, crustacés ou éponges des abysses se sont adaptés à leur environnement. Beaucoup de ces invertébrés sont encore inconnus. Aussi chaque découverte révèle-t-elle de nouveaux secrets de la vie dans ce monde des ténèbres.

L'isopode géant
Bathynomus giganteus
Observé entre 300 et 2 100 m de fond, cet animal appartient au groupe des isopodes qui réunit des crustacés aquatiques et terrestres possédant sept paires de pattes et dont fait partie le cloporte. Il peut atteindre 50 cm de long, alors que la plupart des autres isopodes ne mesurent que quelques millimètres. Il se nourrit des restes d'animaux morts (éponges, crevettes…) qu'il trouve sur le fond.

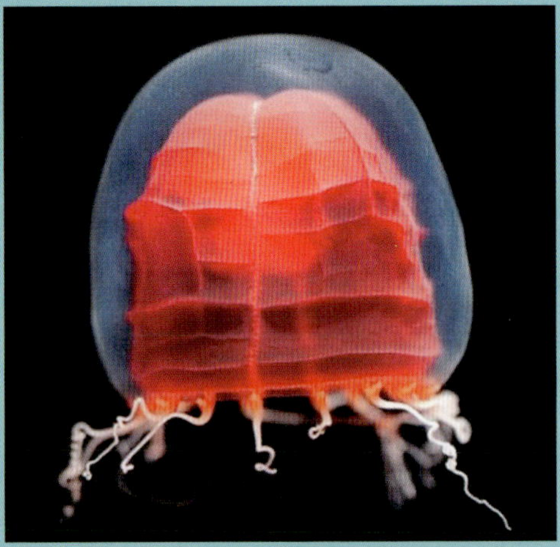

La méduse lanterne en papier
Pandea rubra
Cette méduse, dont l'ombrelle atteint 17 cm de haut, a été récoltée au large du Japon. Elle vit dans tous les océans du monde – à l'exception de l'Arctique où on ne l'a jamais vue à ce jour – entre 550 et 1 200 m de fond. Elle porte une couronne de 14 à 30 tentacules qui s'allongent pour capturer ses proies. Cette espèce est capable d'étirer et de contracter son corps de haut en bas, comme si elle se pliait, ce qui lui a valu son surnom de méduse "origami", cet art japonais du pliage de papier.

Le scotoplanes
Scotoplanes globosa
Ce concombre de mer, ou holothurie, fait partie du groupe des échinodermes qui comprend aussi les étoiles de mer et les oursins. Surnommé cochon de mer, le scotoplanes vit sur la plaine abyssale à plusieurs milliers de mètres de profondeur. Il mesure de 5 à 10 cm de long et possède dix tentacules et des sortes de pieds qui s'étirent et se rétractent. Pour son déjeuner, il filtre la boue du fond et avale les restes d'animaux morts ou les petits organismes qui s'y trouvent.

Dans Bathyfolage, *un livre publié en 1954, Théodore Monod imagine ce que l'on pourrait pêcher sur la Terre en lançant au hasard un grappin du ciel : « Pas grand-chose, je le crains : un coq de clocher, quelques branches d'arbres, une ou deux pommes de pin […]. Nous en sommes là pour la faune abyssale. »*

De nombreux organismes vivant jusqu'à 1000 m de fond remontent la nuit pour chasser dans les couches d'eau supérieures où la nourriture est plus abondante. On appelle ce phénomène la "migration verticale".

La gorgonocéphale
Gorgonocephalus sp.
Cet animal appartient au groupe des échinodermes comme les étoiles de mer et les oursins. Les gorgonocéphales vivent dans tous les océans jusqu'à au moins 300 m. Elles se rassemblent parfois sur le fond en nombre important. Elles possèdent cinq bras ramifiés qu'elles déploient dans l'eau pour capturer de petites proies. Leur taille atteint 1 m de diamètre !

Le poulpe Dumbo
Grimpoteuthis sp.
Le Dumbo est un petit poulpe à oreilles – il ne mesure que 20 cm environ – qui vit entre 300 et 5 000 m à proximité du fond où il capture des vers ou des petits mollusques. Il doit son nom aux petites nageoires qu'il possède sur la tête et qui rappellent les oreilles surdimensionnées du héros de Walt Disney. Comme les autres pieuvres, ce poulpe est capable de changer de couleur, mais on connaît encore très mal sa biologie et son mode de vie.

La galathée yéti
Kiwa hirsuta
Petit invertébré hirsute aux pattes couvertes de soies, la galathée yéti mesure une quinzaine de centimètres de long. Elle a été découverte en 2005 sur la dorsale du Pacifique, à 2 300 m de fond près des sources hydrothermales (*voir p. 46-47*). C'est un crustacé carnivore proche du crabe. Il présente deux caractéristiques assez courantes chez la faune des abysses : elle est aveugle et son corps est tout blanc.

L'éponge lampadaire
Chondrocladia lampadiglobus
Cette éponge carnivore de 50 cm de haut a été observée entre 2 600 et 3 000 m dans l'océan Pacifique. Elle vit sur le fond, fixée au sol par un long pédoncule qui porte une quinzaine de sphères translucides gonflées d'eau. Leurs parois extérieures sont couvertes de petits crochets qui permettent à l'éponge de capturer les minuscules crustacés qui constituent son alimentation.

Plus on s'enfonce dans l'eau, plus on observe d'animaux de couleur rouge. En effet, la longueur d'onde correspondant à cette couleur est la première à être absorbée par l'eau (voir p. 15). En adoptant cette teinte, les espèces se rendent ainsi plus facilement invisibles pour leurs prédateurs.

La galathée yéti est devenue si célèbre lorsqu'elle a été découverte qu'une peluche a été créée à son effigie au Japon !

Lumière dans les abysses

Quelle surprise pour les aquanautes, lors de leurs premières plongées abyssales, d'apercevoir par les hublots de minuscules feux multicolores qui dansent et clignotent dans l'obscurité ! En effet, grâce à un phénomène appelé "bioluminescence", nombre d'espèces marines fabriquent leur propre lumière !

Le mécanisme de la bioluminescence

Certains êtres vivants, comme les lucioles et de nombreux animaux marins, sont capables de transformer l'énergie chimique en énergie lumineuse : à la suite d'un procédé complexe, ils synthétisent des substances appelées luciférine et luciférase qui, combinées à de l'oxygène, déclenchent des réactions chimiques et produisent des particules qui émettent de la lumière, les photons.

Certaines espèces synthétisent directement ces substances dans des organes spécialisés : les photophores. D'autres abritent dans leur corps des bactéries luminescentes qui fabriquent la luciférine. Des poissons, le poisson-lanterne par exemple, possèdent des milliards de bactéries bioluminescentes rassemblées dans un organe spécialisé. Ils peuvent dissimuler cette "lanterne" sous un repli de peau, comme on cacherait une lampe dans une poche !

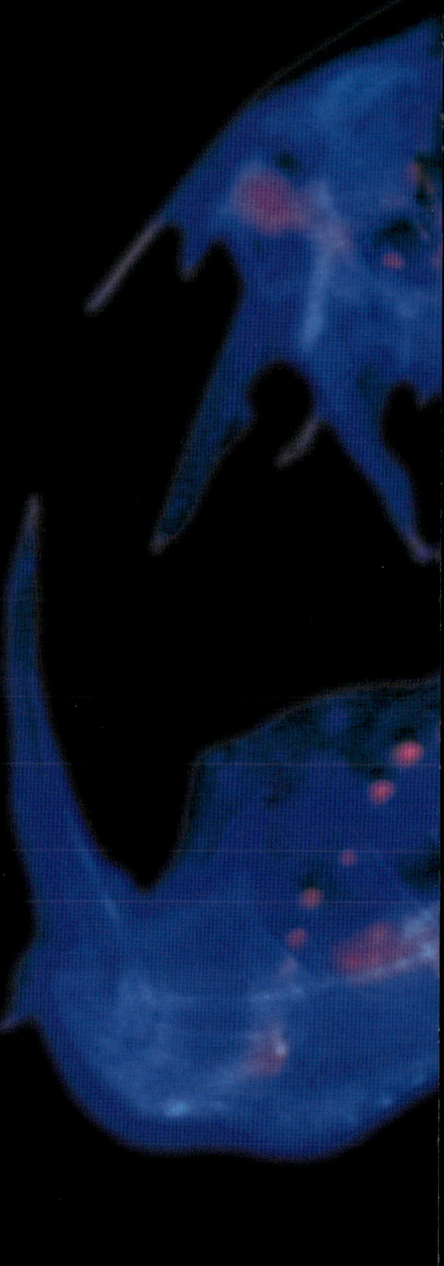

De la lumière multi-usage

La bioluminescence présente de nombreux atouts. Pour certains, c'est un bon accessoire pour chasser. Ainsi, le poisson-pêcheur possède au-dessus de la tête une sorte de long rayon, terminé par un filament lumineux, dont il se sert comme d'une canne à pêche : il agite le leurre luminescent pour attirer les petits poissons ou les crevettes. Avant même qu'elles ne l'aient repéré, il engloutit dans sa large gueule les proies passant à sa portée. Pour d'autres, la bioluminescence constitue un excellent camouflage ou permet de masquer la fuite : en brillant de mille feux, un animal déconcerte ses prédateurs et en profite pour s'échapper ! Des espèces abyssales envoient également des messages lumineux pour communiquer avec leurs congénères, notamment au moment de la reproduction.

Ainsi, l'obscurité des grands fonds est animée de lueurs rouges, vertes, jaunes ou blanches, comme une voûte céleste piquetée d'étoiles multicolores.

De nombreux organismes du plancton lancent des étincelles au moindre mouvement de l'eau. Il suffit alors du passage d'un poisson au milieu d'eaux riches en plancton pour que la mer scintille.

On estime que 80 à 90 % des espèces vivant à grande profondeur sont luminescentes. Il s'agit d'animaux gélatineux comme les méduses, ou de calamars, de vers marins, de crustacés, de poissons...

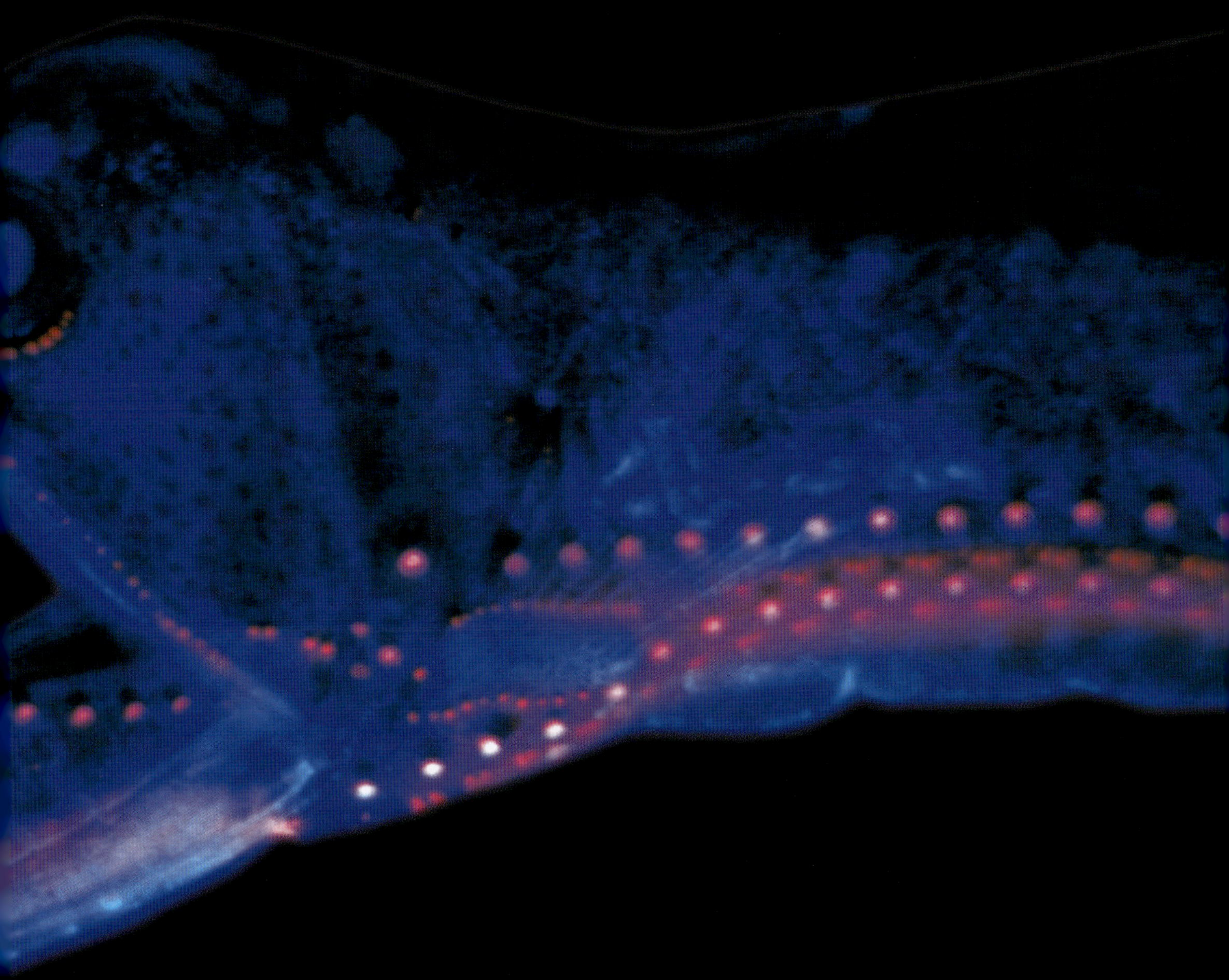

Le poisson-vipère (Chauliodus sp.) utilise la lumière pour attirer ses proies ou déconcerter ses prédateurs. Page de gauche : de nombreux poissons abyssaux possèdent des organes lumineux sur leurs flancs ou leur corps.

Les calamars qui vivent près de la surface émettent un nuage d'encre pour dissimuler leur fuite aux prédateurs. Mais cette technique s'avère inefficace dans l'obscurité. Du coup, les calamars abyssaux se sont adaptés : ils rejettent un nuage de lumière pour éblouir leurs attaquants !

Le Lasiognathus possède un appât lumineux situé dans la bouche, à l'arrière de son palais. Ce poisson reste immobile dans le noir, mâchoires béantes... et attend que son repas vienne de lui-même se jeter dans la gueule du loup !

Monstres des abysses

Des têtes souvent de taille démesurée... Des gueules énormes, garnies de dents acérées... Aveugles ou, au contraire, pourvus de grands yeux exorbités... Noirs ou très sombres, avec parfois de minuscules lampions au bout des rayons de leurs nageoires dorsales... Ces créatures effrayantes sont des poissons abyssaux. Mais pas de panique : ces véritables monstres des profondeurs ne sont pas plus grands qu'un double-décimètre !

LA BAUDROIE ÉPINEUSE ABYSSALE
CAULOPHRYNE JORDANI

Malgré son aspect effroyable, ce poisson ne dépasse pas 25 cm de long. La baudroie épineuse abyssale, qui vit entre 700 et 3 000 m de fond dans tous les océans, est couverte de filaments sensitifs qui lui permettent de détecter le moindre mouvement alentour. Immobile dans l'obscurité, elle chasse à l'affût : elle attend qu'une proie passe à portée de son immense bouche et l'engloutit brusquement.

LE REQUIN LUTIN
MITSUKURINA OWSTONI

Très peu de spécimens de ce requin étrange ont été remontés à la surface. On sait donc peu de choses sur lui. On l'a repéré dans l'Atlantique, le Pacifique et l'océan Indien, jusqu'à 1 300 m. Le plus grand individu qui a pu être étudié mesurait 3,80 m. Ce requin nage sans doute assez lentement et se nourrit de poissons qui vivent sur le fond, de pieuvres et de crabes.

LE GRANDGOUSIER
SACCOPHARYNX

Contrairement à beaucoup de poissons des grands fonds, le Grandgousier, qui vit jusqu'à 3 000 m dans l'Atlantique, atteint la taille respectable d'un mètre et demi de long. Il faut dire que son corps ressemble un peu à une queue effilée terminée par une bouche géante, ce qui lui a valu le surnom d'"anguille pélican" ! Il possède une mâchoire étonnante, capable de s'ouvrir démesurément pour engloutir un repas aussi gros que lui, qu'il digère ensuite dans son estomac extensible. Il peut alors rester plusieurs jours sans manger.

L'explorateur et scientifique français Théodore Monod (1902-2000) décrit ainsi le monde des abysses : « ... il fait noir, il fait froid, il fait profond, il fait faim. » Les poissons ont dû s'adapter à toutes ces difficultés pour survivre dans ce monde hostile.

Le poisson trépied porte bien son nom. Les rayons de ses nageoires ventrales et de sa queue sont très allongés : le poisson les plante sur le fond et reste immobile, comme s'il était posé sur un trépied !

La hachette d'argent
Argyropelecus

Les "hachettes d'argent", qui mesurent jusqu'à 12 cm, peuplent tous les fonds entre 300 et 1 000 m. Leur corps est aplati latéralement et couvert d'écailles argentées qui jouent le rôle d'un miroir et renvoient la lumière, ce qui leur permet de déconcerter d'éventuels prédateurs. Ces poissons possèdent également des photophores lumineux alignés sur les flancs (*voir p. 40-41*).

Le "blobfish"
Psychrolutes marcidus

Ce poisson bizarre, proche des rascasses, a été découvert entre 600 et 1 200 m sous la surface au large de l'Australie et de la Tasmanie. Son corps gélatineux mesure environ 30 cm de long. Posé sur le fond, il attend patiemment que la nourriture passe à sa portée. On le capture parfois dans les filets de pêche qui raclent le sol marin à grande profondeur.

AMOURS ÉTERNELLES

Pas facile de se reproduire dans l'immensité des abîmes sous-marins… Chez la baudroie abyssale, le mâle – beaucoup plus petit que la femelle – s'accroche à elle avec ses dents. Il reste là sa vie durant pour féconder les œufs. Peu à peu, son organisme fusionne avec celui de la femelle qui le nourrit avec son système circulatoire. Le mâle se transforme en un simple organe de reproduction qui fournit du sperme à sa "compagne". La femelle peut ainsi porter trois ou quatre mâles suspendus sur ses flancs, son dos ou même sur sa tête !

La chimère
Chimaera

Abondantes entre 300 et 500 m, les chimères – appelées aussi "poisson-rat" – vivent jusqu'à 1 000 m de fond dans les eaux tropicales et tempérées de la planète. Elles appartiennent au groupe des poissons cartilagineux comme les raies et les requins et atteignent 1,50 m de long pour un poids de 3 kg. Elles se rassemblent souvent en petits groupes et fouillent la vase ou le sable pour trouver les minuscules animaux qui composent leurs repas. Le premier rayon de leur nageoire dorsale est venimeux et peut infliger des blessures douloureuses aux curieux l'approchant de trop près !

Le poisson-vipère
Chauliodus

Il vit entre 250 et plus de 4 000 m dans les eaux tempérées et tropicales autour du monde. Son corps sombre, d'une vingtaine de centimètres, est parsemé de photophores sur les flancs. Grâce à cette ruse lumineuse, le poisson-vipère attire sans doute les rares proies évoluant à ces profondeurs, puis les saisit entre ses crocs redoutables. Chez certains, les dents sont si longues qu'elles sortent de leur bouche !

Plusieurs espèces de requins vivent dans les abysses. Parmi eux, le requin griset qui atteint près de 5 m, ou le très étrange requin lézard qui mesure jusqu'à 2 m, ou encore le squalelet féroce qui descend jusqu'à 3 500 m. Malgré sa petite taille (50 cm), ce dernier est très agressif et possède des mâchoires aux dents très puissantes.

Le poisson éléphant, observé jusqu'à 375 m de fond, doit son nom à l'étrange protubérance qui surplombe sa bouche. Il s'en sert pour labourer le sol afin de débusquer des coquillages qu'il broie avec ses dents soudées et aplaties.

À la poursuite du calamar géant

Les abysses sont le théâtre de luttes féroces entre prédateurs et proies. Dans ce milieu hostile, la nourriture est rare et les animaux doivent se battre pour survivre. Le spectacle le plus impressionnant est sans doute celui du cachalot chassant le calamar géant très loin sous la surface, mais nul homme n'a encore été directement témoin de ce combat entre les deux colosses. On ne peut que l'imaginer...

Une énigme

On sait depuis longtemps que le calamar géant, l'*Architeuthis*, existe. Les chasseurs de baleines avaient en effet remarqué sur le corps des cachalots d'étranges marques circulaires de 10 à 40 cm de diamètre. Il s'agirait de cicatrices provoquées par d'énormes ventouses. Des restes de tentacules et des becs de calamars (constitués d'une matière cornée qui ne peut être digérée) ont aussi été découverts dans l'estomac de cachalots morts. Ces observations ont été complétées par l'étude de calamars géants retrouvés échoués sur la côte, flottant en mer, ou pris dans les filets de pêche. Les zoologues ont travaillé d'après ces spécimens souvent en mauvais état pour déterminer l'anatomie et le mode de vie probable de ces géants marins. Ils en ont déduit la taille de l'*Architeuthis* : il atteindrait 20 m de long et pèserait près d'une tonne ! Il hante les fonds entre 200 et 700 m où il chasse les poissons et peut-être d'autres calamars. Mais on ne sait encore presque rien de lui...

Des combats de Titans

Le cachalot (*Physeter macrocephalus*) atteint près de 20 m de long pour un poids de 30 à 40 tonnes en moyenne. Comme tous les mammifères marins, il est incapable de respirer sous l'eau, mais c'est un excellent plongeur : il descend facilement jusqu'à 500 m et peut rester 2 heures sous l'eau ! Ce redoutable prédateur, qui consomme plusieurs centaines de kilos de nourriture par jour, poursuit le calamar géant jusque dans les abysses. Il est équipé d'un sonar qui lui permet de repérer ses proies même dans l'obscurité totale, grâce à un phénomène appelé écholocalisation : le cachalot émet des ondes sonores qui rebondissent sur les obstacles et reviennent vers lui. En analysant ces sons, il peut évaluer la taille et la position de sa victime. C'est sans doute ainsi qu'il parvient à capturer le calamar géant dans l'immensité des grands fonds ! (*voir DVD, Film 2, chap. 3*)

On a pu étudier les performances des cachalots en plongée en les suivant avec un sonar. L'un d'entre eux aurait été détecté à 2 500 m de fond !

*L'*Architeuthis*, comme tous les calamars, possède une bonne vision. Ses yeux sont les plus gros du monde : avec un diamètre allant jusqu'à 25 cm, ils ont la taille d'une tête humaine !*

Ce n'est qu'en 2005 que des scientifiques japonais ont pu filmer un calamar géant sous l'eau. Un spécimen a été capturé vivant en 2007 en Antarctique, mais il s'agissait alors d'une autre espèce, le calamar colossal, ou Mesonychoteuthis hamiltoni, *qui mesure 14 m.*

On a découvert des milliers de becs cornés de calamars dans l'estomac des cachalots, preuve que leur régime est en grande partie constitué de ces proies.

Oasis au fond des mers

En 1977, des scientifiques sidérés découvrent, dans les feux des projecteurs du submersible américain *Alvin*, de véritables oasis de vie à 2 500 m de fond. Entre des amoncellements de coquillages blancs et des buissons de vers marins géants, se faufilent des crabes et des poissons. Cette découverte aura une importance capitale pour les sciences biologiques et nos connaissances sur le monde du vivant.

Les sources hydrothermales

En certains points de la dorsale*, à des profondeurs atteignant près de 4 000 m, l'eau de mer s'infiltre par des fissures rocheuses dans le sous-sol océanique. Elle se réchauffe au contact du magma brûlant à l'intérieur de la Terre et peut atteindre alors la température incroyable de 400 °C ! Cette eau, chargée en sulfures (des composés à base de soufre) et en minéraux ressort au niveau de la faille (le rift*) située au sommet de la dorsale. Lorsqu'elle jaillit dans l'océan froid, ces minéraux se déposent et édifient des monticules de couleur sombre que l'on appelle des cheminées hydrothermales. Ces formations géologiques s'élèvent à plus de 20 m de haut.

La faune est 500 à 1 000 fois plus dense autour des cheminées hydrothermales que dans le milieu abyssal environnant qui, par comparaison, ressemble à un véritable désert !

Les bactéries qui vivent à proximité des cheminées hydrothermales sont capables de se multiplier à des températures de 110 à 120 °C !

Des bactéries étonnantes

À cette profondeur, aucune lumière ne subsiste. Il n'y a donc pas de vie végétale possible. Pourtant, de nombreux animaux prolifèrent autour des cheminées. Les plantes, à la base de la majorité des chaînes alimentaires marines, sont en effet remplacées ici par des bactéries. Ces microrganismes utilisent l'énergie chimique dans leur cycle biologique (un processus appelé chimiosynthèse comparable à la photosynthèse). Ils sont ainsi capables de fabriquer de la matière vivante et cela, sans dépendre de l'énergie du soleil ! Pour se nourrir, plusieurs espèces filtrent l'eau et consomment ces bactéries. Elles servent à leur tour de nourriture à la faune des cheminées hydrothermales. Pour la première fois, les scientifiques découvraient sur notre planète un système vivant qui ne dépendait pas de l'énergie solaire. Cette vie a-t-elle pu se développer indépendamment de toutes les autres formes de vie terrestre ? Les questions restent nombreuses et intéressent les spécialistes de l'évolution.

UNE DÉCOUVERTE EXTRAORDINAIRE

En 1976, l'organisme de recherche océanographique américain The Scripps Institution of Oceanography, *effectue une reconnaissance de la dorsale océanique au large des Galápagos et prend des photos grâce à un engin immergé. Les chercheurs observent sur ces clichés des amoncellements de coquillages blancs qui les intriguent. Un an plus tard, le submersible américain* Alvin *plonge sur la zone à 2 500 m. L'équipage admire alors les premières sources hydrothermales et leurs oasis de vie. Les années suivantes, de nombreux sites encore plus extraordinaires seront découverts sur la dorsale dans les océans Pacifique, Atlantique et Indien.*

2 630 m de fond : prélèvements et mesures sur une source hydrothermale par le bras télémanipulateur du Victor 6000 *lors de la campagne Phare 2002.*

Le jardin du paradis

Autour des cheminées hydrothermales, un monde animal étrange foisonne. Ces oasis de vie sont si exubérantes que les scientifiques les ont baptisées de noms poétiques : le jardin du paradis, le jardin des roses, le four aux coquillages... Mais, lorsque l'eau ne jaillit plus des sources hydrothermales, la vie disparaît. C'est ce qui arrive quand l'accumulation de minéraux finit par boucher la cheminée, un phénomène qui se produit au bout de 50 à 100 ans environ. L'eau chaude provenant du sous-sol océanique doit alors trouver une autre faille par où sortir : elle y édifiera une nouvelle cheminée.

Fumeur noir dans les profondeurs de l'océan Atlantique.

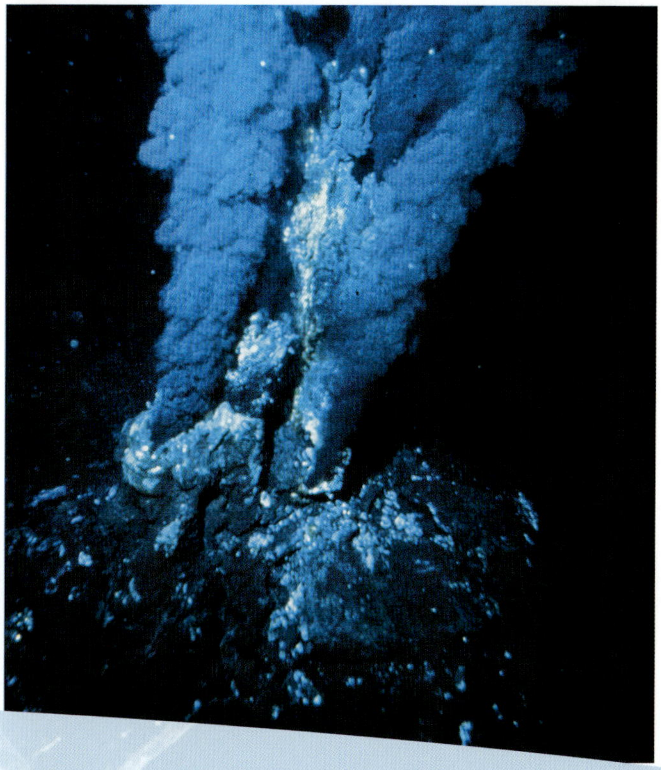

On appelle aussi les cheminées hydrothermales des fumeurs noirs. En effet, lorsque l'eau chargée en fer et en sulfures sort de la cheminée, des réactions chimiques se produisent au contact de l'eau froide et forment alors un panache noir. Il existe également des fumeurs blancs.

Bien que l'eau des sources hydrothermales atteigne une température de plus de 350 °C, elle ne bout pas. L'énorme pression qui règne dans les grandes profondeurs empêche la vapeur de se former.

Un monde à part

Des centaines de moules et de crabes d'un blanc pur s'agglutinent au pied des vers marins géants qui dressent leurs panaches rouge sang à proximité des tourbillons d'eau sombres crachés par les cheminées. Ces paysages fantastiques ne sont pas issus de l'imagination d'un auteur de science-fiction, mais bien réels... Et le mode de vie de ces animaux est aussi fascinant que leur apparence !

Les vers marins *Riftia*
Riftia

Ce ver marin, qui mesure jusqu'à 2 m de haut, vit dans un tube blanc dans lequel il cache son corps, ne laissant émerger qu'un panache rouge vif. Ce panache lui permet d'absorber des éléments chimiques de l'eau qui sont ensuite transportés par le sang dans le corps de l'animal où vivent des bactéries. Grâce à la chimiosynthèse (*voir p. 44-45*), ces bactéries produisent de la matière vivante qui sert de nourriture au *Riftia*. Le ver est donc dépourvu de bouche et de tube digestif : il survit grâce à cette symbiose* avec un micro-organisme !

Les moules géantes
Bathymodiolus

Ces moules, appelées modioles, atteignent 18 cm de long ! La couleur de leur coquille varie du jaune au brun foncé. Elles constituent des bancs compacts autour des cheminées hydrothermales et se fixent souvent à la base des tubes des vers *Riftia*. Ces coquillages se nourrissent en filtrant l'eau et en récoltant les particules et les micro-organismes qu'elle contient. Mais ils abritent également des bactéries symbiotiques* dans leur corps.

Le ver de Pompéi
Alvinella pompejana

On ne voit de lui qu'une couronne de branchies qui sort du tube fixé sur la cheminée hydrothermale dans lequel il vit. Ce ver, d'une quinzaine de centimètres de long, est donc capable de supporter les températures élevées dans cette zone réchauffée par l'eau brûlante jaillissant des cheminées. Des dépôts minéraux provenant des sources chaudes recouvrent son corps, ce qui lui a valu son nom : la ville de Pompéi, en Italie, a été recouverte de cendres après l'éruption du *Vésuve*.

Plus de 500 espèces associées aux cheminées hydrothermales ont été découvertes. Il s'agit de mollusques (moules, palourdes), de crustacés, de vers marins, de poissons... Environ trois quarts de ces animaux sont endémiques, c'est-à-dire qu'ils n'existent nulle part ailleurs.

Les vers de Pompéi, qui vivent sur les cheminées hydrothermales, sont capables de supporter des températures de l'ordre de 80 °C, ce qui est exceptionnel pour une espèce animale.

Le coquillage *Calyptogena*
Calyptogena magnifica

Ces grands coquillages blancs à deux valves de 25 cm s'installent sur des fissures par lesquelles s'échappent les fluides hydrothermaux. Ils dessinent ainsi des alignements clairs sur la roche noire. Le corps de ces mollusques est rouge vif. Leur tube digestif est très réduit car, comme d'autres animaux adaptés à la vie près des sources hydrothermales, les *Calyptogena* se nourrissent grâce à la présence dans leur corps de bactéries qui effectuent la chimiosynthèse.

Les crabes Cyanagraea
Cyanagraea

Ils mesurent une dizaine de centimètres de diamètre, sont entièrement blancs et vivent surtout autour des vers de Pompéi. Une espèce voisine, le *Bythograea*, de taille plus modeste, prolifère à proximité des vers *Riftia*. Ces crustacés se nourrissent en broutant le panache rouge des vers marins.

Le poisson zoarcide

De couleur blanchâtre, ce poisson d'environ 30 cm de long a l'allure d'une anguille. Il ondule au-dessus des champs de vers *Riftia* à la recherche de petites proies – crustacés, mollusques – dont il se nourrit. Bien que présent surtout à proximité des sites hydrothermaux, les scientifiques ont pu l'observer à plus d'un kilomètre des cheminées.

Les crevettes *Rimicaris*
Rimicaris

Espèce caractéristique des sources hydrothermales situées sur la dorsale Atlantique, ces petites crevettes (5 cm maximum) se rassemblent en nombre sur la paroi des cheminées. Dépourvues d'yeux, elles possèdent toutefois un organe sur le dos capable de détecter de très faibles variations de lumière. Elles abritent des bactéries dans leur corps avec lesquelles elles vivent en symbiose.

On observe souvent sur les sites hydrothermaux des pieuvres blanches aux longs tentacules. C'est en effet plus facile pour elles de capturer leur repas dans cette oasis de vie que dans le désert des plaines abyssales !

En juillet 2008, des sources d'eau chaude sont découvertes pour la première fois en Arctique, entre le Groenland et la Norvège. Elles présentent des dépôts sulfuriques importants. De nombreux pays s'intéressent à l'exploitation des métaux et des minéraux qui s'accumulent près des sites hydrothermaux...

Les "rives" d'une source froide, par 800 m de fond dans le golfe du Mexique, sont recouvertes de moules abritant des bactéries. Image extraite du programme Deep blue *de la BBC.*

Sources froides

En 1983, de nouvelles oasis de vie ont été découvertes dans l'océan profond. Il ne s'agit pas là de sources hydrothermales, comme celles observées sur la dorsale océanique*, mais de sources froides riches en méthane. Pourtant, elles aussi sont colonisées pas une multitude d'animaux étranges qui vivent grâce à des bactéries. Un monde étonnant que l'on commence tout juste à comprendre...

Même dans ces conditions extrêmes, des animaux marins comme ces vers pogonophores s'épanouissent.

La découverte

Les premières sources froides (d'une température proche de celle de l'eau de mer, c'est-à-dire de quelques degrés à peine) ont été découvertes par hasard en 1983 à l'occasion de missions de prospection du pétrole dans le golfe du Mexique, et en 1984 au large de Monterey Bay en Californie par un géologue – Charles Paull – travaillant pour le MBARI (*voir p. 30-31*). Depuis, ces milieux extraordinaires ont fait l'objet de plusieurs recherches scientifiques. Ces sources sont localisées le long des marges continentales, au niveau de la transition entre le plateau continental et la plaine abyssale. Il s'agit de zones correspondant à la rencontre de deux plaques de la croûte terrestre : une plaque océanique bute sur une plaque continentale (*voir p. 10-11*). Sous l'effet de la compression, des fluides chargés en méthane sont expulsés dans l'eau par des failles. Les différentes missions d'exploration sur les marges continentales ont permis de localiser des sources de méthane entre 700 et 4 000 m de fond dans le Pacifique, l'Atlantique et la Méditerranée.

Les océanographes estiment la durée de vie des sources froides à une centaine d'années maximum. Lorsqu'elles se tarissent, les animaux qui en dépendent meurent ou migrent près d'une autre source.

L'étude de roches prélevées sur les sources hydrothermales profondes a permis de découvrir des traces fossiles provenant sans doute de micro-organismes datant de 3,2 milliards d'années.

Un monde mystérieux

Les fluides chargés en méthane qui jaillissent des entrailles de la Terre ont une densité plus grande que l'eau de mer et ne peuvent se mélanger à elle. Ils s'accumulent dans les dépressions et les creux du sol océanique. De couleur plus sombre que l'eau environnante, ces fluides donnent l'étrange impression qu'un véritable lac s'est formé à plusieurs centaines de mètres sous la surface ! Sur les rives de ces lacs, des champs de moules géantes sont piétinés par des centaines de crabes blancs et survolés par les formes fantastiques des poissons abyssaux... Souvent, les éléments minéraux expulsés par les sources se déposent sur le fond et une multitude d'espèces animales s'y enfouissent.

Moules, crevettes et holothuries violettes autour d'une source froide par 3 000 m de fond.

Une faune exubérante

Comme la faune des cheminées hydrothermales, les animaux qui demeurent près des sources froides dépendent de bactéries. Ces micro-organismes sont capables de fabriquer de la matière vivante grâce à un processus appelé chimiosynthèse (*voir p. 46-47*) et remplacent ainsi les végétaux à la base des chaînes alimentaires. Certains mollusques et vers marins vivent en symbiose* avec ces bactéries. Des moules et des palourdes géantes, des vers, des concombres de mer, des anémones de mer et des éponges peuplent ces milieux très particuliers. Bien que les communautés animales adaptées à la vie près des sources froides appartiennent souvent aux mêmes groupes et familles que celles qui fréquentent les cheminées hydrothermales, il s'agit pour la plupart d'espèces différentes et totalement nouvelles pour la science !

Crevette et anémones de mer sur le tube d'un ver marin.

De la naissance de la vie

La vie est-elle née dans les abysses ? C'est la question à laquelle beaucoup de scientifiques tentent de répondre aujourd'hui. En effet, les conditions de vie extrêmes qui règnent à proximité des sources profondes font penser à celles qui existaient dans l'océan primitif. De plus, ces êtres vivants ne dépendent pas de la présence de végétaux, mais uniquement de celle de micro-organismes primitifs capables de processus chimiques surprenants. Certaines de ces bactéries hydrothermales pourraient exister depuis des milliards d'années...

Des centaines de crabes rampant sur des milliers de moules ont été observés par les scientifiques du MARUM, le Centre des sciences environnementales marines d'Allemagne. Photo prise au large du Pakistan, 2007.

Si on les compare au désert des plaines abyssales, les communautés animales à proximité des sources froides sont très riches : on a observé jusqu'à 50 kg de matière vivante par mètre carré (la moyenne dans les grands fonds est d'environ 1 g par m²).

Les sources froides de méthane abritent des écosystèmes riches mais très localisés. Des perturbations de leur environnement pourraient mener à la disparition de plusieurs communautés animales... alors que l'on commence tout juste à les étudier !

Des espèces convoitées

Longtemps, l'océan a représenté pour les hommes une source de nourriture apparemment inépuisable. Chaque année, des millions de tonnes de poissons, coquillages et crustacés sont débarqués dans les ports de la planète. Depuis une cinquantaine d'années, les spécialistes s'alarment : 80 % des stocks de poissons sont surexploités ou à la limite de la surexploitation. L'océan se vide. Alors, les pêcheurs vont de plus en plus profond pour trouver de nouveaux trésors vivants. Mais pour combien de temps encore ?

Le poisson empereur
Hoplostethus atlanticus

L'empereur atteint 75 cm et un poids de 7 kg. On le trouve entre 200 et 1 800 m, où il se nourrit de crustacés et de poissons. C'est l'un des poissons avec la plus grande espérance de vie connue : il peut vivre jusqu'à près de 150 ans ! L'empereur, qui a grande valeur commerciale, fréquente des zones limitées de l'Atlantique, du Pacifique et de l'océan Indien. Un moratoire interdit sa pêche dans le Pacifique Sud – une mesure que l'Europe doit adopter à partir de 2010 –, car l'espèce, très vulnérable, souffre d'une surexploitation importante. Ces poissons ont tendance à se rassembler au sommet des guyots* où ils sont facilement capturés par les pêcheurs. De plus, ils se reproduisent tard et leurs populations sont très longues à se renouveler.

Le grenadier de roche
Coryphaenoides rupestris

Ces poissons atteignent environ 1 m et 1,6 kg, se nourrissent surtout de crustacés et peuvent vivre une cinquantaine d'années. Les grenadiers sont généralement pêchés entre 600 et 800 m où ils se rassemblent en banc, mais on les observe jusqu'à 2 600 m. L'espèce vit dans l'Atlantique Nord – où elle est menacée de surexploitation – et dans l'Atlantique Ouest.

Le sabre noir
Aphanopus carbo

Le sabre noir mesure plus d'un mètre et vit dans l'Atlantique Nord entre 200 et 1 700 m. Il remonte dans les eaux intermédiaires la nuit et chasse des crustacés, des mollusques et des poissons. Son espérance de vie est d'une vingtaine d'années. L'espèce est considérée comme vulnérable. Traditionnellement, on le pêche avec des lignes de fond à Madère (Portugal).

Une étude publiée en 2006 montre que les populations de cinq espèces vivant en eau profonde (dont le hoki et le grenadier de Berglax) ont chuté de 87 % à 98 % entre 1978 et 1994. Quant au grenadier de roche, ses stocks ont diminué de plus de 99 % en 25 ans !

Les récifs de coraux vivant en eau profonde sont très menacés par la pêche au chalut qui racle le fond et détruit ces milieux fragiles. Plusieurs pays sont favorables à la signature d'un moratoire interdisant le chalutage des grands fonds dans les eaux internationales.

Les requins des profondeurs
Centrophorus squamosus, Centroscymnus coelolepis

Les pêcheurs capturent plusieurs espèces de requins des profondeurs : aiguillats, pailonas (appelés "poissons chiens" en anglais), requins chagrin… Ce sont en général de petits squales de 5 à 15 kg pour une longueur de 1,20 m au plus. Leur espérance de vie est assez longue (environ 60 ans). Plusieurs espèces souffriraient de surexploitation. L'Union européenne a annoncé que leur pêche sera totalement interdite d'ici 2010.

La lingue bleue
Molva dypterygia

Ce gros poisson, dont l'espérance de vie est de vingt ans, mesure jusqu'à 1,50 m pour un poids de 30 kg. Il chasse les crustacés et les poissons plats sur des fonds vaseux. On le capture dans l'Atlantique Nord et en Méditerranée entre 350 et 500 m (il peut vivre jusqu'à 1 000 m maximum). De nombreuses populations de lingues bleues ont fortement baissé et l'espèce est considérée comme très vulnérable.

Pêche en eau profonde

La pêche profonde s'effectue entre 400 et 2 500 m, sur la pente continentale ou sur le sommet des guyots. Au-delà, la densité de poissons est si faible que la pêche n'est plus rentable. Cette activité s'est développée à partir des années 1980, lorsque les stocks traditionnels ont commencé à se raréfier. Elle a été rendue possible grâce à l'amélioration des techniques avec l'apparition de chaluts adaptés, de GPS, de sondeurs évolués et de cartes plus détaillées. Mais les poissons abyssaux sont très vulnérables : ils vivent longtemps, ce qui signifie qu'ils grandissent lentement et se reproduisent à un âge avancé – 30 ans pour l'empereur. De nombreux individus sont pêchés avant d'avoir eu le temps de se reproduire ! Le taux de renouvellement des stocks est faible et il suffit alors de quelques années pour éliminer toute une population. De plus, les techniques utilisées, comme les filets traînés sur le fond, dégradent profondément leur milieu naturel…*

Aujourd'hui, le Conseil international pour l'exploration de la mer (CIEM) préconise l'interdiction de toute nouvelle exploitation d'espèce d'eau profonde et une stricte protection de celles actuellement exploitées. Certains scientifiques pensent d'ailleurs qu'une pêche "durable" pour ces espèces est impossible : il faudrait tellement limiter le nombre d'individus capturés que l'activité ne dégagerait plus de bénéfices…

Utilisés pour faire des bijoux, des coraux et des gorgones sont récoltés au sommet des monts sous-marins. Un rapport des Nations Unies datant de 2008 indique qu'il faudra des siècles pour que les récifs de coraux profonds se remettent de la destruction et de la surexploitation.

La Commission européenne a adopté une proposition visant à réduire de 33 % la pêche de poissons de grande profondeur à partir de 2007 et une nouvelle réduction d'un tiers en 2008 pour les stocks les plus vulnérables.

Précieux minéraux

Or, nickel, cuivre, platine... les grandes profondeurs océaniques renferment des ressources minérales précieuses en abondance. Ces métaux représentent une fortune pour les industriels. Pourtant, leur exploitation pose des problèmes techniques et pourrait menacer l'équilibre écologique fragile du milieu abyssal.

Champ de nodules polymétalliques dans le Pacifique central Nord à 5 157 m, photographié en 1979 lors de la campagne COPANO. Ces nodules mesurent environ 12 cm.

Fumeur blanc et cheminées riches en cuivre, zinc, or et argent sur un site hydrothermal du Bassin de Lau dans l'océan Pacifique occidental. Campagne Nautilau, 1989.

Nodules : mythe ou espoir ?

Au cours de l'expédition du *Challenger* (*voir p. 24*), au XIXe siècle, les océanographes ont remonté à bord d'étranges boules noires de quelques centimètres de diamètre. Ces formations minérales, qui reposent entre 4 000 et 6 000 m de fond sur les plaines abyssales, sont des nodules polymétalliques riches en fer, manganèse, cuivre ou nickel. Plusieurs pays se sont intéressés à leur exploitation et des essais ont même été entrepris. Mais leur extraction ne s'est pas développée car elle n'est pas actuellement rentable. Cependant, plusieurs pays ont déposé des permis d'exploration sur ces ressources minières.

Trésors engloutis

L'homme exploite depuis longtemps le sel, les graviers, l'or, le diamant ou l'étain dans les eaux peu profondes. Depuis quelques dizaines d'années, la découverte de ressources minières profondes a été rendue possible grâce aux progrès de l'exploration scientifique. Les roches prélevées par les submersibles ou par les engins sous-marins télécommandés ont été analysées par les géologues. Les océanographes ont alors constaté sur les volcans sous-marins du Pacifique, entre 400 et 4 000 m de fond, la présence d'encroûtements minéraux à base de cobalt qui renferment également de nombreux métaux très recherchés : titane, nickel, platine... Les dépôts de sulfures polymétalliques qui se forment autour des cheminées hydrothermales (*voir p. 46-47*) sont encore plus riches en éléments convoités par l'industrie, tels que l'or, l'argent, le cuivre, le chrome, le mercure, le plomb ou le zinc...

Les nodules polymétalliques se forment lorsque des éléments métalliques présents dans l'eau de mer se déposent en couches concentriques autour d'un noyau qui peut être constitué d'un débris de roche, du reste d'un autre nodule ou même d'une dent de requin.

Les diamants sont actuellement exploités jusqu'à 100 km au large des côtes de Namibie à une profondeur de 200 m, mais on a commencé à prospecter à plus de 2 000 m pour trouver de nouveaux gisements.

L'exploitation en question

À plus de 2 000 m de fond, les moyens déployés pour l'exploitation des ressources minérales sont très complexes. Aujourd'hui, seul un petit nombre d'États parmi les plus industrialisés seraient capables de mettre en œuvre techniquement leur extraction. Il faut par ailleurs que le prix de ces matières soit très élevé pour que l'exploitation rapporte des bénéfices. Enfin, quelles seraient les conséquences sur l'environnement ? Les espèces qui vivent dans les abysses sont vulnérables comme l'ont démontré les effets dévastateurs de la surpêche. Des modifications de leur environnement les fragiliseraient encore plus...

Stalactites d'atacamite (bloc de sulfure polymétallique massif riche en fer et cuivre) par 3 700 m de fond. Campagne Serpentine de l'Ifremer menée en 2007.

Bras du Victor 6000*, robot téléopéré de l'Ifremer sur un site hydrothermal de la dorsale médio-atlantique par 1 700 m de fond.*

IFREMER DANS L'ATLANTIQUE

En 2007, le navire océanographique Pourquoi-Pas ? *de l'Ifremer (Institut Français de Recherche pour l'Exploitation de la Mer) a mené la campagne Serpentine sur la dorsale de l'Atlantique Nord pour explorer les sites hydrothermaux. Le robot* Victor 6000 *a plongé jusqu'à 4 000 m et permis la découverte des plus grands dépôts de sulfures – très riches en cuivre, zinc, cobalt et or – actuellement connus au monde.*

On estime que les dépôts minéraux situés au niveau des cheminées hydrothermales pourraient contenir entre 1 à 100 millions de tonnes de métaux et minéraux précieux !

Un seul site d'encroûtement de cobalt pourrait fournir un quart des besoins mondiaux de ce minéral. Le cobalt entre dans la fabrication d'alliages métalliques ou de peintures.

Énergies marines

L'homme extrait depuis longtemps le pétrole et le gaz en mer. Aujourd'hui, l'océan profond est un nouvel Eldorado qui cache d'immenses gisements d'hydrocarbures et de méthane. Ces réserves d'énergie seraient suffisantes pour assurer le développement d'une humanité en pleine croissance pendant des siècles... Mais quelles seraient les conséquences de leur exploitation pour le milieu naturel ?

Les énergies fossiles

On extrait actuellement du pétrole et du gaz de l'océan avec des plates-formes offshore ("au large des côtes"). Ces installations en haute mer représentent environ 22 % des réserves mondiales en pétrole et 37 % de celles de gaz. Les premiers forages en eau profonde sont réalisés en 1979 dans le golfe du Mexique, à 300 m. Aujourd'hui, on prélève du pétrole à 1 650 m de profondeur dans la même région et au large du Brésil. Car le prix de l'or noir augmente et il devient rentable de pomper de plus en plus profond. Des réserves importantes d'hydrocarbures en mer ont été découvertes (notamment en Arctique) et l'on envisage aujourd'hui une extraction entre 3 000 et 5 000 m ! Pour s'approprier ces trésors énergétiques, plusieurs pays ont demandé une extension de leurs Zones Économiques Exclusives (*voir p. 68-69*) afin de pouvoir y exploiter librement les ressources minières.

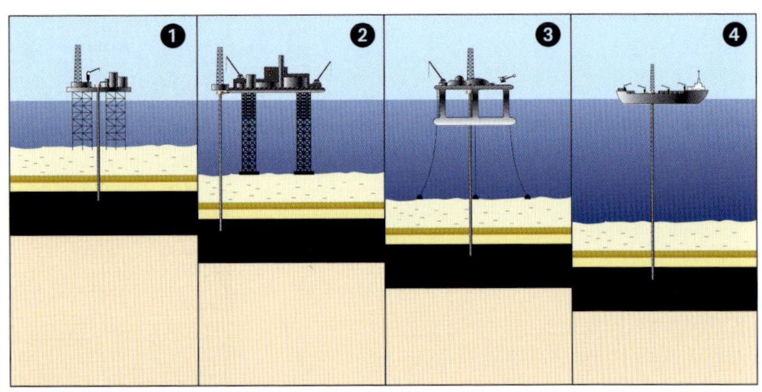

❶ Plate-forme fixe. ❷ Plate-forme auto-élévatrice. ❸ Plate-forme sur radeau flottant maintenu par d'énormes chaînes ancrées sur le fond. ❹ À plusieurs centaines de mètres, on utilise un navire à positionnement dynamique.

Le travail d'exploration réalisé pour découvrir des nappes de pétrole ou des poches de gaz au fond des océans présente des risques pour l'environnement. Les ondes des sonars et les explosions sismiques provoquées pour analyser les fonds, par exemple, sont un danger pour les baleines et les dauphins.

Les gisements d'hydrates de méthane des fonds océaniques représenteraient une source potentielle de carbone deux fois plus importante que toutes les réserves connues au monde de gaz naturel, de pétrole et de charbon !

Les hydrates de méthane

En 1996, des hydrates de méthane sont découverts à près de 800 m de fond dans l'océan Pacifique. À partir du début des années 2000, le programme de forage international IODP (*Integrated Ocean Drilling Program*) s'attache à prospecter les sédiments marins pour y détecter la présence de ce gaz précieux. Les hydrates de méthane sont des composés naturels constitués d'une molécule gazeuse de méthane entourée d'eau qui se solidifie sous l'effet du froid et de la pression* pour donner une substance qui ressemble à de la glace. Ils sont présents le long des marges continentales qui bordent les côtes, là où le talus continental plonge vers les grands fonds. Ces gisements, formés au cours des mouvements géologiques des plaques terrestres, sont piégés dans les roches sous forme de poches de gaz. Actuellement, de nombreux pays industrialisés s'y intéressent car ils pourraient devenir une ressource d'énergie fondamentale à l'avenir. Mais la détection des poches d'hydrates est compliquée à ces grandes profondeurs et représente un coût important.

Échantillon d'hydrate de gaz, principalement du méthane, prélevé par carottage dans les premiers mètres de sédiment sous le fond de la mer.

De très importantes quantités de méthane sont stockées dans les sédiments des marges continentales sous forme de gaz libre, dissout ou emprisonné dans la glace. Il s'agit alors d'hydrate de gaz.

UNE EXPLOITATION À HAUT RISQUE

Les gisements d'hydrates de méthane sont situés à proximité des côtes le long desquelles vit 90 % de la faune marine. Le littoral abrite aussi plus de la moitié de la population humaine mondiale. C'est dire à quel point la gestion de ces régions côtières est importante pour l'équilibre des océans et pour les hommes qui en dépendent. Une exploitation intensive des hydrates de méthane dégraderait les pentes du talus continental et aurait de graves conséquences sur cet environnement. De plus, ces composés sont très instables et leur exploitation est techniquement difficile. Or, comme le dioxyde de carbone, le méthane est un gaz à effet de serre capable de piéger la chaleur, et il est dix fois plus efficace ! Sa libération en grandes quantités dans l'atmosphère accentuerait encore le réchauffement climatique.
Encore plus incertain : l'utilisation des flux d'hydrogène des grands fonds, comme ceux découverts au cours de la campagne Serpentine de l'Ifremer en 2007 (voir p. 55)*.*
Si l'hydrogène représente une source potentielle d'énergie renouvelable prometteuse, on commence à peine à la maîtriser et on ne sait pas encore l'exploiter !

En août 2007, une expédition russe avec le sous-marin Mir plante son drapeau en titane à 4 261 m de fond, sous le pôle Nord. L'objectif était de s'approprier symboliquement cette zone. Cette région extrêmement riche en hydrocarbures est aussi convoitée par le Canada.

À 600 m de fond et à une température de 7 °C, les hydrates de méthane enfouis dans le sol océanique sont stables. Mais il suffit d'augmenter la température de moins de 1 °C pour qu'ils deviennent instables, d'où des risques importants de dégazage et de dégradation du milieu.

Ces aventuriers du pétrole

La recherche de l'or noir a mené les hommes sur les océans où ils ont prospecté les fonds. Les premières plates-formes, à faible profondeur, ont permis d'extraire les hydrocarbures marins. Aujourd'hui, avec la crise du pétrole, les industriels se tournent vers des forages profonds ou ultra-profonds, pour tirer du sous-sol océanique de nouvelles richesses.

En 2008, un gigantesque réservoir de pétrole – il contiendrait 30 milliards de barils, soit environ une année de consommation mondiale – a été découvert au large du Brésil. Mais il est situé à 2 000 m sous l'eau et enfoui à 5 000 m sous la surface du sol océanique. Il va donc falloir forer à 7 000 m pour l'extraire !

Les plates-formes offshore restent à la verticale des puits sous-marins grâce à des chaînes d'ancrage. Lorsque le forage est à 1 500 m, ces câbles sont très longs et leur poids est donc important (voir p. 57)*. Des ingénieurs tentent de trouver des matériaux ultra-résistants et légers pour les remplacer.*

Découverte de l'or noir marin

Si les premiers forages marins ont lieu dès 1923 en mer Caspienne, les premières plates-formes pétrolières marines d'importance n'ont été aménagées dans le golfe du Mexique que dans les années 1950. Ces installations fixes, semblables à une tête de puits terrestre, permettaient d'extraire le pétrole enfoui dans le sol marin à faible profondeur. En 1973, le même type d'exploitation se développe plus au large, en mer du Nord, le long des côtes américaines, africaines, en Méditerranée, en mer de Chine... Il s'agit de plates-formes offshore ("au large des côtes") : certaines sont fixes et ancrées sur le fond par des pieds, d'autres sont mobiles et installées sur une barge flottante. Elles permettent de puiser dans les gisements enfouis dans le sol océanique à des profondeurs de plus en plus importantes (*voir p. 57*).

L'offshore : une activité à risque

L'extraction n'est pas simple : les installations flottantes de surface doivent supporter vagues et tempêtes. Sous l'eau, l'équipement est hors de portée des hommes. Seuls des engins téléguidés ou des plongeurs spécialisés (*voir p. 60-61*) peuvent y accéder pour effectuer les opérations de maintenance et d'entretien. En général, les équipes restent deux semaines d'affilée à bord de la plate-forme, travaillant jusqu'à 12 heures par jour, avant de regagner la terre ferme pour trois semaines de repos. En mer, peu de loisirs et des règles de vie très sévères pour éviter les accidents qui ne sont pas rares. Ils peuvent être dramatiques et les secours sont loin... En 1980, 123 personnes sont mortes lorsque les soudures qui maintenaient la station *Alexander L Kielland* cèdent sous l'assaut de l'océan et, en 1988, l'incendie qui a ravagé la station *Piper-Alpha* en mer du Nord a fait 167 victimes. Depuis, les conditions de sécurité ont été renforcées et les hélicoptères interviennent très vite pour évacuer le personnel en cas d'alerte. Les conséquences de ces catastrophes sont aussi écologiques car elles provoquent des marées noires de grande ampleur.

Lorsqu'il sort du sous-sol océanique, le pétrole est à une température de 80 à 100 °C. À 1 500 m de fond, l'eau est à moins de 4 °C et l'hydrocarbure se refroidit rapidement. Il a alors tendance à boucher les tuyaux qui le remontent en surface. D'où la nécessité de très bien isoler ces conduits...

Le développement de l'offshore profond affecte l'environnement. Le risque de marée noire liée à des accidents augmente. On étudie aussi son impact sur le milieu à cause du bouleversement des fonds et de la pollution due aux débris de forages.

La plongée profonde industrielle

L'exploitation du pétrole sous-marin nécessite un équipement coûteux et complexe installé à plusieurs centaines de mètres sous l'eau. Pour effectuer les travaux de réparation ou d'entretien de ce matériel, les industriels font appel à des professionnels comme ceux de la Comex, une société française pionnière dans le domaine de la plongée extrême.

Les grandes étapes

En 1961, Henri Germain Delauze fonde à Marseille la Compagnie Maritime d'Expertise (Comex), spécialisée dans la plongée profonde au service de l'industrie pétrolière. Son objectif : mettre au point des techniques de pointe et former des plongeurs pour intervenir bien au-delà des limites imposées par la plongée à l'air (60 m). Pour y parvenir, il faut inventer des équipements reproduisant les conditions à grande profondeur, comme les caissons hyperbares qui reconstituent l'augmentation de pression* sous l'eau. Le plongeur doit en effet respirer des gaz qui se compriment progressivement lorsque la profondeur augmente. À la remontée, en revanche, ceux-ci se dilatent avec la diminution de la pression ; ils peuvent alors former des bulles dans l'organisme à l'origine d'accidents mortels. De plus, avec la profondeur, l'air comprimé devient toxique. Pour pallier ce problème, différents mélanges gazeux ont été testés comme l'héliox (hélium et oxygène) ou l'hydreliox (hydrogène, hélium et oxygène). Depuis la création de la Comex, ses plongeurs ont enchaîné les records en caisson : - 335 m en 1968, - 701 m en 1992. Le record de plongée en mer réalisé en 1988 est de - 534 m !

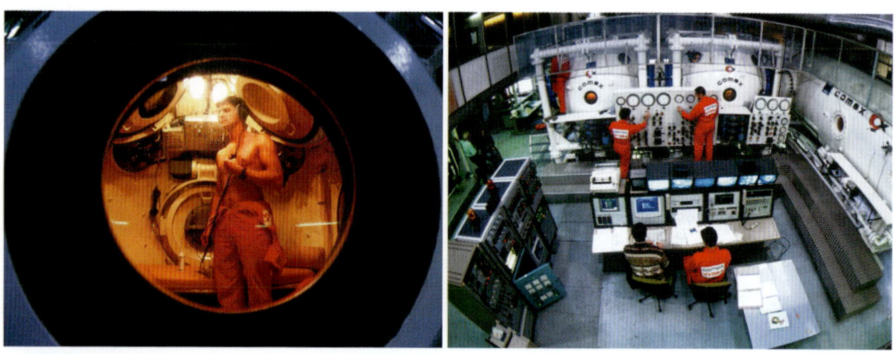

Dans le centre d'essai hyperbare, le scaphandrier Frédéric Bègue fait des tests de doppler.

En 1829, le scaphandre pieds-lourds est inventé : le plongeur marche debout sur le fond équipé d'un casque, d'une combinaison en cuir et de chaussures de plomb. Le tout pèse 80 kg ! Le scaphandrier est alimenté en air par un tuyau depuis la surface et descend à 30 m maximum.

Le scaphandre autonome dans sa forme actuelle a été mis au point par l'ingénieur Émile Gagnan et le commandant Jacques-Yves Cousteau en 1942, puis amélioré en 1943. Léger et facile d'utilisation, il est utilisé pour la plongée de loisir.

Travailler sous l'eau

Lorsqu'ils interviennent sous l'eau, les plongeurs sont d'abord enfermés dans un caisson à bord du navire. On y augmente la pression jusqu'à ce qu'elle soit équivalente à celle régnant à la profondeur du chantier. Les hommes sont ensuite transférés dans une tourelle de plongée, sorte d'ascenseur pressurisé qui les descend sur le fond. Là, ils sortent équipés de scaphandres, effectuent la réparation avant de regagner la tourelle, puis le caisson de surface où ils se reposent avant de replonger. Plusieurs équipes travaillent en alternance. Lorsque la mission est terminée, les plongeurs effectuent leur décompression* dans le caisson. Ils sont placés sous la surveillance des médecins et des techniciens qui les observent par les hublots et communiquent par micro interposé. Les repas arrivent par un sas. Ainsi, les hommes restent au sec, en sécurité, et peuvent se détendre pendant leur remontée. Heureusement, car il leur faut patienter encore plusieurs jours avant de ressortir à l'air libre. Pour effectuer une mission, un plongeur séjourne en moyenne trois semaines dans le caisson. Ce travail exigeant est comparable à celui des astronautes !

Les défis d'aujourd'hui

Aujourd'hui, les compagnies pétrolières prospectent à plusieurs milliers de mètres de profondeur. Les travaux sont effectués par des engins téléguidés sous-marins qui se sont beaucoup améliorés techniquement. La Comex se consacre aux nouveaux défis de la technologie marine : submersibles, robots, tests sur le matériel opérant à grande profondeur dans des bassins d'essais... Les champs d'application aussi ont changé. De l'industrie pétrolière, la société a été amenée à s'intéresser à des domaines aussi variés que la formation des astronautes, l'intervention sur des réacteurs nucléaires, ou l'archéologie sous-marine...

6 *Équipés d'un casque de plongée profonde, ces scaphandriers soudent à l'arc électrique. Page de gauche, le plongeur porte un scaphandre articulé à pression atmosphérique, le Newtsuit, à l'intérieur duquel la pression est la même que celle à la surface.*

L'azote contenu dans l'air est toxique pour l'homme lorsqu'il est sous pression. Ainsi, dès 40 m de fond, ce gaz peut provoquer ce qu'on appelle "l'ivresse des profondeurs", un état de confusion mentale qui retire tous ses moyens au plongeur.

Lorsqu'il descend à 300 m, un plongeur est comprimé durant 24 heures dans le caisson où l'on augmente progressivement la pression. Sa mission accomplie, il patiente 10 jours avant de ressortir, le temps d'éliminer les gaz comprimés de son corps. Il est plus long de revenir d'une plongée profonde que de la Lune !

Réseau mondial de câbles sous-marins.
Image extraite de Submarine Cable Map@telegeography.com

Communiquer sous la mer

Comment acheminer l'électricité ou le téléphone d'un continent ou d'une île à l'autre ? La mer a longtemps représenté une frontière infranchissable autrement que par bateau. Au milieu du XIXe siècle, l'idée d'utiliser des câbles sous-marins fait son apparition. Ces "tuyaux" permettent aujourd'hui de transporter au fond de l'océan de l'énergie ou des moyens de communication sur de très grandes distances.

Un réseau invisible

En 1851, le premier câble sous-marin de l'histoire est posé entre Douvres en Angleterre et le cap Gris-Nez en France ; il fonctionnera plusieurs dizaines d'années. C'est une véritable aventure qui commence ! Depuis, environ un million de kilomètres de câbles ont été posés sous l'océan, un exploit inimaginable à l'époque des précurseurs (*voir DVD, Film 1, Chap. 2*). Car les problèmes techniques à résoudre sont importants. Il faut trouver le moyen de déposer sur le sol océanique un système de câbles qui puisse résister à l'eau de mer, à la pression*, aux éventuels tremblements de terre, et même aux dégradations causées par des requins ou autres gros animaux... Il faut également pouvoir assurer le raccordement des différents éléments, leur entretien et leur réparation, tout cela dans une zone très difficile d'accès dont on ne connaît pratiquement rien !

En 1858, le premier câble transatlantique est posé. Il relie l'Irlande à Terre-Neuve. Mais il fonctionne moins d'un mois : son isolation se révèle insuffisante. Le deuxième sera installé en 1865.

Chaque année, environ 200 000 km de câbles sous-marins sont placés dans l'Océan mondial. Le plus profond passe dans le Pacifique à 9 400 m, mais en général ils sont posés à une profondeur maximale de 5 000 à 6 000 m.

Une aventure technologique

La première difficulté consiste à trouver l'emplacement idéal où poser le câble. Des relevés avec des sondeurs déterminent l'aspect du plancher océanique. Jusqu'à 2 000 m de fond, les câbles sont le plus souvent enterrés sous 80 cm à 2 m de sédiments, afin d'être protégés des activités humaines comme la pêche ou les ancres des navires. Le sol doit donc être meuble. La trajectoire est choisie afin de passer dans des endroits qui ne posent pas de problèmes (pas de zones volcaniques ou de pentes abruptes). Des engins capables de niveler le fond sont parfois utilisés lorsque la pente est trop importante. C'est un navire spécialisé, le câblier, qui est chargé de la pose. Cette opération délicate demande une grande précision de navigation. Les engins sous-marins (auparavant, on utilisait une "charrue") creusent tout d'abord une tranchée dans laquelle le câble est installé, puis enfoui au fur et à mesure de la pose. À grandes profondeurs – jusqu'à plusieurs milliers de mètres –, les câbles sont simplement déroulés régulièrement sur le fond. Leur entretien est complexe : il nécessite des engins adaptés à la plongée profonde et capables d'effectuer des réparations délicates dans les ténèbres océaniques. À faible et moyenne profondeurs, ces travaux peuvent être confiés à des plongeurs professionnels (*voir p. 60-61*).

Le navire câblier Bourbon Skagerrak *possède une plate-forme d'enroulement d'une capacité de 7 000 tonnes.*

La pose du câble exige une grande précision : le positionnement du bateau doit être juste, à 10 mètres près.

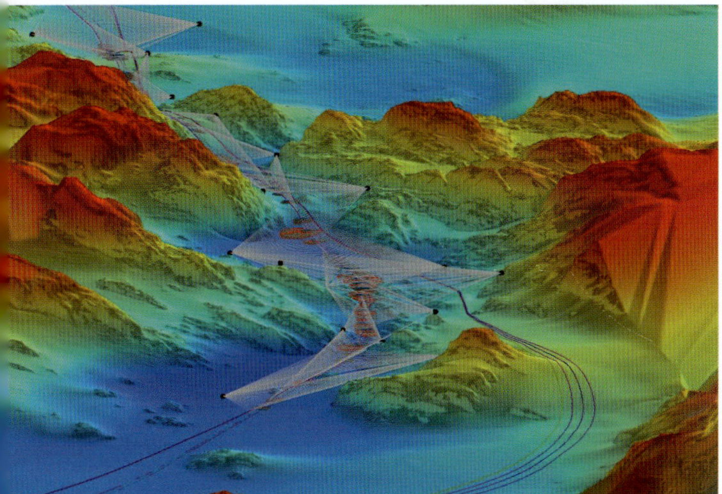

Dernière étape avant la mise en place du câble : l'étude topographique des fonds marins. Une vue 3D est réalisée pour déterminer la meilleure trajectoire.

Des usages multiples

Les câbles sous-marins peuvent transporter de l'électricité d'un continent ou d'une île à l'autre, jouant ainsi le même rôle qu'une ligne à haute tension. Certains relient des plates-formes offshore entre elles ou à la terre la plus proche. Parfois, ils sont destinés à faire passer les lignes du téléphone ou d'Internet, ou encore des systèmes de vidéo comme la télévision. Les liaisons par satellite sont en effet beaucoup plus chères que celles qui transitent par le câble. Ce système évite à des îles d'être isolées du monde en ne bénéficiant pas des nouvelles technologies. Madagascar, par exemple, attend en 2009 la pose d'un câble reliant l'île au continent africain, dont il est séparé par le canal du Mozambique. Cela lui permettra d'améliorer considérablement ses liaisons téléphoniques et Internet. Certains États dépendent entièrement de ces réseaux sous-marins pour leur approvisionnement énergétique ou en télécommunications. Les câbles sont donc des cibles potentielles en temps de guerre.

Un navire câblier peut embarquer environ 50 km de câbles de gros gabarit – pesant 135 kg par mètre – et jusqu'à plusieurs milliers de kilomètres de câbles de petit gabarit.

En 2008, 95 % des télécommunications avec un autre continent – qu'il s'agisse d'un appel téléphonique, d'une recherche sur Internet ou de l'envoi d'un e-mail – passent par un câble sous-marin.

Des enjeux fondamentaux

Ce qui se passe dans les ténèbres océaniques nous concerne a priori très peu. Et pourtant... L'océan profond joue un rôle dans notre climat, notre alimentation, notre santé, les produits industriels et les médicaments que nous fabriquons, l'énergie que nous consommons, la connaissance que nous avons du monde, notre sécurité et même l'air que nous respirons ! Dans un avenir proche, il risque de prendre une importance plus grande encore.

Océan indispensable

L'Océan mondial absorbe une grande partie du dioxyde de carbone (CO_2) émis par l'homme dans l'atmosphère, dégage de l'oxygène en surface grâce à la production du plancton végétal, intervient dans le cycle de l'eau, répartit la chaleur autour du globe terrestre par l'intermédiaire des grands courants marins... Les eaux profondes de l'océan se forment en surface avant de couler sur le plancher océanique où elles gardent leurs caractéristiques propres. Ainsi l'océan profond est une composante majeure de la grande machine planétaire (*voir p. 18-19*). Il recycle l'eau, régule le climat et contribue à maintenir les conditions qui ont permis à la vie de se développer sur notre planète.

Le Johnson-Sea-Link *est un submersible d'exploration mis en œuvre par l'institution américaine HARBOR BRANCH Oceanographic Institution. Il descend à environ 1 000 m.*

Le monde a vécu en deux siècles de profondes transformations. La population humaine a augmenté très rapidement : elle est passée de un milliard de personnes en 1800 à près de 7 milliards actuellement. Tous dépendent des ressources naturelles terrestres et marines pour leur survie.

La révolution industrielle a modifié nos modes de vie. Grâce aux énergies fossiles (charbon, pétrole, gaz), la production des biens de consommation a explosé. Alors l'humanité est à la recherche de nouvelles énergies... des richesses que l'on trouve dans l'océan profond.

Le poisson-éléphant (Callorhinchus milii) *descend à au moins 200 m de fond dans les eaux australiennes et au large de la Nouvelle-Zélande.*

Comprendre la planète

Pour comprendre le fonctionnement de l'écosystème terrestre et son évolution, il faut faire appel à des sciences aussi variées que la physique, la chimie, la biologie, la géologie, l'hydrologie, la biochimie... Les explorations et les découvertes réalisées dans les abysses ont fait avancer la science. L'étude du relief et des mouvements qui animent les fonds marins ont permis d'expliquer l'évolution géologique de notre planète, la formation des océans et le déplacement des continents au cours des temps. Les biologistes ont aussi énormément appris en s'intéressant à la faune des cheminées hydrothermales. Pour la première fois, on s'apercevait qu'une communauté animale ne dépendait pas du Soleil. Les chercheurs tentent toujours de percer les mystères de la vie dans les grandes profondeurs car cela les aiderait à comprendre comment la vie est apparue sur la Terre, comment elle a évolué et s'est développée.

De nombreux animaux colonisent le plancher océanique comme ici un ver marin, une pennatule (animal proche des coraux), ainsi qu'une crinoïde et des ophiures (cousins des étoiles de mer).

Des richesses pour demain

Pour alimenter une population humaine en constante augmentation et satisfaire ses besoins, il faut de plus en plus d'énergie, de matériaux, de nourriture, de médicaments. Les ressources terrestres commencent à manquer : moins de terres cultivables, de réserves de pétrole, de métaux et de minerais indispensables à l'industrie. Les richesses découvertes dans l'océan profond peuvent être d'une importance économique considérable. Déjà, l'homme pêche de plus en plus profond et envisage d'extraire les hydrocarbures dans des zones jusque-là inaccessibles. Mais les espèces qui vivent dans les abysses sont fragiles et certains stocks s'épuisent. Quant aux ressources énergétiques et minières, leur exploitation risque de dégrader l'environnement.

Au cours de l'expédition Ring of Fire, *organisée par les Américains et les Canadiens en 2002 dans le Pacifique, un bras du robot* ROPOS *prélève des minéraux riches en fer et en manganèse.*

Sécurité et politique

Le contrôle des hautes mers, là où se trouvent les grands fonds, représente un enjeu stratégique pour la sécurité des nations. C'est là que se croisent les navires qui transportent 90 % des marchandises échangées au niveau international. Les marines militaires – navires et sous-marins – assurent la surveillance des côtes et du passage des cargos ou des pétroliers indispensables à l'approvisionnement en biens et en énergie des nations. Sous l'eau, les câbles sous-marins permettent d'assurer les télécommunications et le transport d'électricité d'un continent à l'autre. C'est dire l'importance du contrôle de ces territoires maritimes.

La faune abyssale, convoitée pour la pêche, est aussi à l'origine de nouvelles molécules pour l'industrie pharmaceutique, pour la fabrication de cosmétiques, de produits chimiques, etc.

Les mécanismes très complexes qui régissent les océans (courants, absorption de gaz, de chaleur) sont étudiés par les scientifiques, grâce à des observations en mer ou des relevés par satellite, et sont ensuite analysés avec des modèles informatiques sophistiqués.

Abysses en danger !

Réchauffement des eaux, surexploitation des espèces vivantes, déchets, pollution chimique ou sonore, acidification des eaux, dégradation des sols par l'extraction minière ou par les filets de pêche traînés sur des fonds fragiles... Les grands fonds océaniques ne sont plus préservés des activités des hommes. Loin des regards, les milieux naturels abyssaux subissent des bouleversements importants qui menacent l'équilibre écologique de la planète.

Un océan qui se réchauffe

Les changements les plus spectaculaires affectant les eaux profondes sont liés à l'augmentation du dioxyde de carbone (CO_2) dans l'atmosphère. En effet, le CO_2 produit par les activités humaines (transport, industrie) se concentre autour de notre planète et provoque ce que l'on appelle l'effet de serre. Le climat se réchauffe. En conséquence, les eaux océaniques voient leur température croître également, ce qui pourrait affecter l'ensemble de la machine climatique terrestre (*voir p. 18-19*). Les animaux qui vivent dans ces eaux plus chaudes réagissent de plusieurs façons. Certains migrent vers les pôles ou en profondeur pour trouver un peu de fraîcheur. D'autres s'adaptent à cette variation de température. Enfin, les espèces les plus fragiles ou dans l'incapacité de se déplacer risquent de disparaître totalement, ce qui bouleverserait les chaînes alimentaires et les équilibres écologiques marins. De plus, on s'interroge sur les impacts de ce réchauffement sur les courants profonds dont les caractéristiques dépendent de la température, de la salinité et de la densité des différentes masses d'eau dans l'océan. Il est difficile d'évaluer quelles seront les conséquences, mais les signaux d'alerte se multiplient : les agressions que subit l'océan pourraient affecter les équilibres essentiels à la vie sur Terre, telle que nous la connaissons aujourd'hui.

Surveillance de la présence de polluants chimiques dans les sédiments : remontée du carottier.

Les experts du GIEC (Groupement intergouvernemental sur l'évolution du climat) estiment que l'ensemble de l'Océan mondial s'est déjà réchauffé jusqu'à 3 000 m de fond !

Certains récifs coralliens en eau profonde seraient âgés de 8 000 ans ! Les plus grands – découverts au large de la Norvège – atteignent 35 m de haut.

Récifs profonds avant et après le passage d'un chalut.

Pollutions en tout genre

Lorsque l'océan absorbe le dioxyde de carbone présent dans l'atmosphère, celui-ci se transforme en acide carbonique et l'eau devient plus acide. Il s'agit là sans doute du principal changement qui affecte l'eau de mer (*voir p. 18-19*). D'autres pollutions plus localisées ont aussi un impact, même dans les abîmes océaniques. Les déchets produits par les activités minières ou l'extraction d'hydrocarbures à grandes profondeurs sont une menace pour les abysses. Il peut s'agir de composés chimiques ou de boues rejetées par les opérations de forage. La possibilité de glissement de terre le long des pentes est aussi redoutée par les géologues. Tous ces risques doivent être pris en compte à l'heure où l'on envisage de développer l'offshore profond ou très profond, ainsi que l'exploitation des hydrates de méthane (*voir p. 56-57*). L'océan n'est pas non plus à l'abri des pollutions terrestres : ordures, eaux usées et substances toxiques gagnent la mer par le biais des cours d'eau ou des vents, puis sont emportées au large par les courants. Des millions de déchets en plastique, en verre, ou autres matériaux s'accumulent ainsi au fond des mers. Dans les eaux froides et obscures des abysses, ils se dégradent difficilement et peuvent subsister pendant plusieurs centaines d'années !

Une vie abyssale vulnérable

La surexploitation des espèces vivantes dans les grands fonds est une menace très sérieuse pour l'océan profond. En quelques dizaines d'années, plusieurs populations de poissons abyssaux ont quasiment disparu (*voir p. 52-53*) ! Dans un milieu où la faune est généralement dispersée et rare, la perte de certains maillons de la chaîne alimentaire est inquiétante. L'équilibre des écosystèmes marins pourrait-il être profondément modifié ? Les dégradations importantes liées à l'utilisation des filets de fond sont prises très au sérieux par les biologistes. Ces engins raclent littéralement le sol. Dans les zones où vivent les récifs d'eau profonde (souvent sur les monts sous-marins), ils détruisent les coraux. Les invertébrés et les poissons qui se nourrissent et s'abritent entre leurs branches doivent fuir.

Un Ogcocephalus parvus*, appelé chauve-souris de mer, dans une position d'intimidation.*

L'organisation Deep Sea Conservation Coalition *(Coalition pour la préservation des grands fonds) estime que, dans les eaux norvégiennes, entre un tiers et la moitié des récifs profonds ont été endommagés ou détruits par les chaluts (filets de pêche traînés sur le fond).*

La convention de Londres, établie en 1972, interdit l'immersion volontaire de certains déchets dangereux en mer. Elle a été ratifiée par 86 pays, en 2008. 36 nations ont aussi adhéré au protocole de 1996 qui interdit le rejet des déchets industriels et nucléaires dans l'océan.

À qui appartiennent les abysses ?

Les eaux internationales constituent la plus grande partie de l'Océan mondial, ce qui signifie que tout pays est libre de les utiliser. C'est le domaine qui couvre les hautes mers et les grandes profondeurs. Seules quelques conventions internationales règlementent leur exploitation. Ce patrimoine mondial est sous la responsabilité de tous.

Les territoires marins

Au lendemain de la Seconde Guerre mondiale, les activités maritimes s'intensifient. Des bateaux de pêche de plus en plus énormes écument les mers, l'extraction du pétrole marin se développe, les compagnies minières prospectent les fonds et les sous-marins militaires qui se multiplient prennent possession de l'océan... Les États renforcent leurs flottes commerciales et militaires. En 1958, plusieurs pays instaurent un droit national sur les eaux qui bordent leur littoral : la frange d'eau côtière d'une largeur de 12 milles marins maximum (1 mille marin = 1 852 m) qui longe un État lui appartient et il y a les mêmes droits que sur son territoire terrestre. Dans les années 1970, les pays d'Amérique latine se disputent le droit d'exploiter à leur compte l'anchois du Pérou au large de leurs côtes. Les conflits s'accroissent et il devient nécessaire de légiférer. En 1982, les ZEE, ou Zones Économiques Exclusives, sont instaurées. Elles couvrent habituellement le plateau continental jusqu'à 200 milles des côtes. Les États peuvent y pêcher, y exploiter les ressources minières et y conduire des recherches. Un poisson de 12 cm de long a ainsi été à l'origine de la création d'un territoire de 370 km de large !

Le plus grand territoire marin du monde est celui des États-Unis – soit presque 11,5 millions de km^2 – le long de ses côtes dans l'Atlantique et le Pacifique, mais aussi des espaces maritimes autour de nombreuses îles comme Hawaï. La France est la deuxième nation maritime du monde avec un domaine maritime de 11 millions de km^2 : aux trois façades sur l'Atlantique, la Méditerranée et la Manche-mer du Nord, s'ajoute un territoire d'outre-mer situé dans le Pacifique, les Caraïbes, l'océan Indien et l'océan Austral.

Cette étrange sculpture ornant le plancher océanique est un Megalodicopia hians *qui appartient au groupe des tuniciers ou ascidies (animaux marins vivant fixés sur le fond et se nourrissant généralement en filtrant l'eau). Cette espèce est carnivore : elle referme sa "bouche" pour digérer les crevettes imprudentes qui s'y aventurent.*

Les petites îles possèdent souvent des territoires marins immenses. Le territoire océanique de Polynésie Française, par exemple, s'étend à lui seul sur une surface équivalente à celle de l'Europe !

Lorsque le plateau continental (voir p. 8-9) qui longe les côtes d'un État est plus large que 200 milles, ce pays peut demander l'extension de sa ZEE jusqu'à 350 milles, à condition d'avoir signé la Convention des Nations Unies sur le Droit de la Mer.

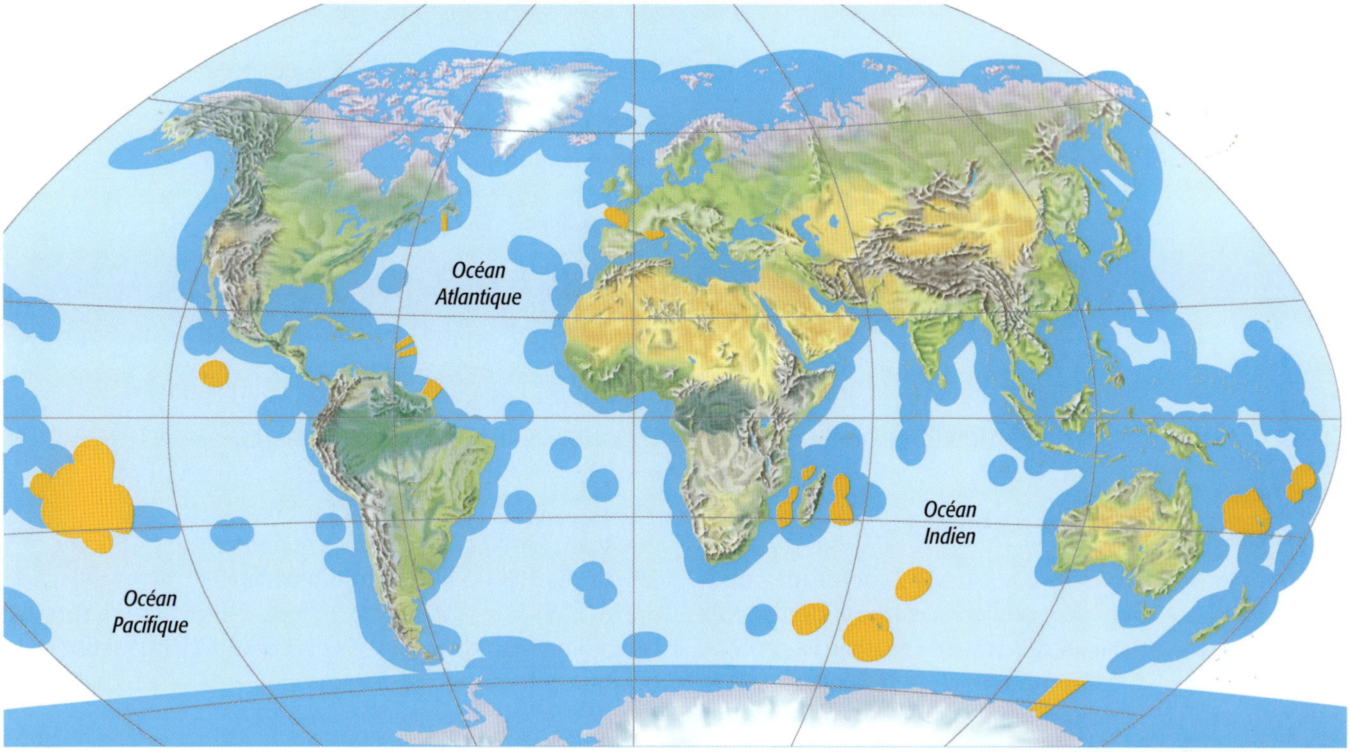

Zones Économiques Exclusives mondiales et territoires français.

Les Nations Unies et le Droit de la Mer

Au-delà des ZEE s'étendent les eaux internationales qui couvrent 65 % de la surface totale de l'Océan mondial. En 1967, un appel est lancé à l'Assemblée générale des Nations Unies pour réclamer des lois internationales sur cet espace qui n'est pas réglementé. Il faudra attendre plus de dix ans pour que naisse la Convention des Nations Unies sur le Droit de la Mer, en 1982. Aujourd'hui 157 pays l'ont ratifiée, mais pas les États-Unis par exemple. Ce texte définit les limites des territoires maritimes des États et les droits de tous dans l'espace international : la liberté de navigation, de survol, de pêcher, de faire de la recherche scientifique, de poser des câbles ou des pipe-lines et de construire des îles artificielles. Il pose également les règles sur la navigation et la prévention des accidents et des pollutions. Depuis, d'autres conventions ont été signées pour réglementer l'exploitation des ressources, mais elles restent insuffisantes (*voir p. 70-71*).

Les abysses, un monde à part

La pêche ou l'exploitation minière dans les très grandes profondeurs demande une technologie coûteuse. Seuls quelques pays parmi les plus riches ont aujourd'hui les moyens de la mettre en œuvre. Mais peut-on laisser cette minorité s'accaparer les richesses des abysses ? Au-delà des territoires maritimes qui appartiennent aux États, les fonds marins ont été appelés "la Zone". La Convention des Nations Unies sur le Droit de la Mer déclare que la Zone et ses ressources sont "le patrimoine commun de l'humanité". Ce patrimoine doit profiter à tous aujourd'hui, et aux générations futures demain.

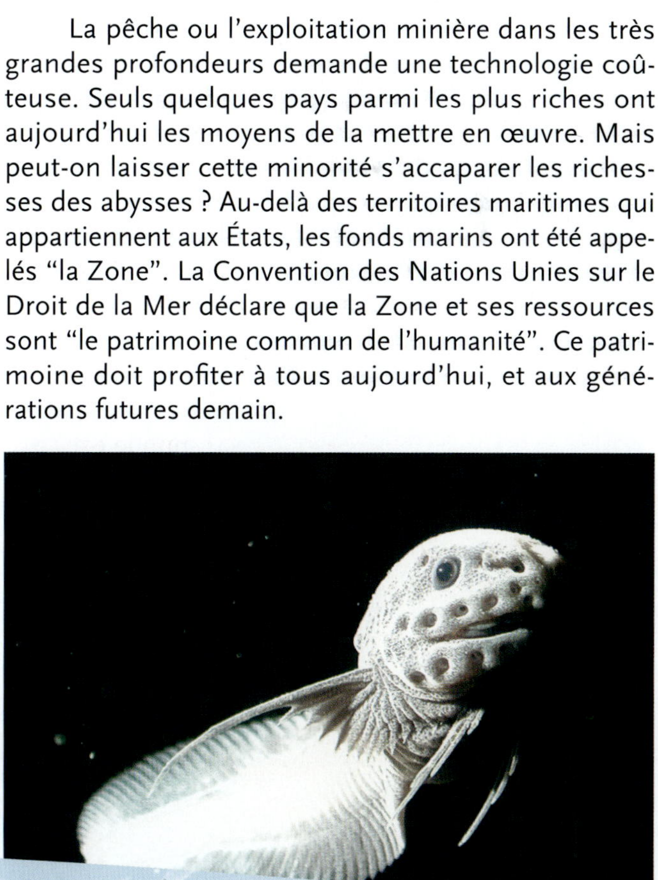

*Ce poisson étrange (*Careproctus longifilis*), au corps effilé d'une douzaine de centimètres, fait partie de la famille des "limaces de mers". Il a été observé entre 1 900 et 3 300 m de fond.*

Le développement des activités maritimes a augmenté le nombre de conflits, d'espèces surexploitées, d'accidents maritimes et de pollutions. Une gestion internationale des océans est donc indispensable.

Le Tribunal international du Droit de la Mer est basé à Hambourg, ville portuaire d'Allemagne. Il est chargé de régler les conflits qui pourraient survenir entre deux pays portant sur le respect de la Convention du Droit de la Mer.

Pour une exploitation durable des abysses

Préserver les grands fonds océaniques afin que nous puissions tous bénéficier de leurs bienfaits à l'avenir est une question essentielle dans le monde actuel. C'est pourquoi de nombreux pays s'interrogent aujourd'hui sur la meilleure façon de gérer les eaux internationales afin d'assurer une exploitation durable et équitable de ce patrimoine commun de l'Humanité.

Une exploitation raisonnable

Conscientes des risques pour l'avenir, de nombreuses voix s'élèvent aujourd'hui réclamant des statuts pour empêcher le pillage des trésors de l'océan profond et assurer sa préservation. Les ressources minières sont indispensables au développement économique et industriel, et l'homme se tourne vers les gisements océaniques. Or, ceux-ci sont le plus souvent situés dans des eaux internationales et appartiennent à l'ensemble des nations du monde. Pour gérer ce patrimoine, une organisation en lien avec les Nations Unies, l'Autorité internationale des Fonds marins (ISA – *International Seabed Authority*), a été créée. L'ISA a mis au point un code d'exploitation minière qui définit les règles de cette activité. Car la question du droit d'exploiter les richesses de l'Océan fait déjà l'objet d'âpres négociations entre pays...

On trouve souvent au sommet des monts sous-marins abyssaux des récifs de coraux adaptés aux eaux froides et obscures. Ils servent d'abri et de nourriture à une faune étrange et variée.

La faune abyssale peut être une ressource pour la pêche, mais aussi à l'origine de nouvelles molécules pour l'industrie pharmaceutique et pour la fabrication de produits de beauté, de produits chimiques, etc.

Les scientifiques étudient la croissance et l'évolution des coraux des profondeurs d'une année à l'autre. Ces études leur donnent des renseignements sur les modifications de l'environnement et permettent d'évaluer l'état de ces populations.

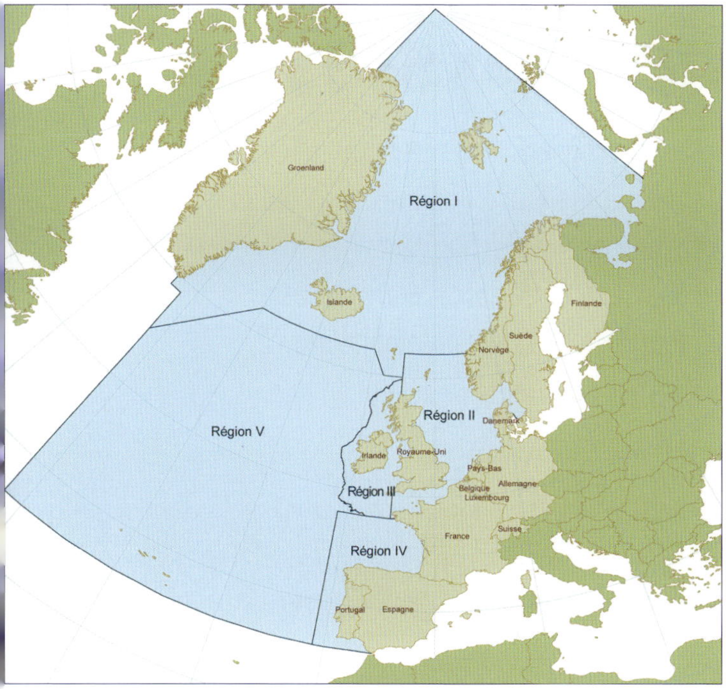

La Commission OSPAR rassemble quinze pays. Son rôle : faire des recommandations et prendre des mesures pour préserver l'environnement et la santé humaine dans la région maritime qui s'étend de l'Arctique au golfe de Gascogne.

Préserver et protéger la vie

Quant aux ressources vivantes – poissons, invertébrés et coraux des grands fonds – leur exploitation dans les eaux internationales est aujourd'hui réglementée par deux textes : la Convention sur la Pêche et la Conservation des Ressources biologiques de Haute Mer, ainsi que la Convention sur l'Exploitation des Espèces migratrices. D'autres mesures s'appliquent à des espèces précises, considérées en danger de disparition. Quant aux abysses, des scientifiques et des associations réclament un moratoire qui interdirait temporairement la pêche en eaux profondes tant que l'on n'aura pas la certitude que les stocks de poissons peuvent se maintenir. Ce moratoire est adopté dans le Pacifique Sud en 2006. En décembre 2008, les pays qui pêchaient en eaux profondes dans les eaux internationales se sont accordés sur un certain nombre de mesures afin de limiter l'impact de leurs activités. La faune abyssale est aussi intéressante à un niveau biochimique et génétique. Actuellement, les organismes internationaux réfléchissent aux règles à établir pour assurer son exploitation équitable.

Une coopération internationale

Si des mécanismes de coopération ne se mettent pas en place dès maintenant, les grands fonds océaniques risquent d'être dégradés et surexploités dans un futur proche. Des organisations intergouvernementales ont été créées par les pays pour assurer la gestion et la protection des océans qui longent leurs côtes. Il existe ainsi plusieurs conventions qui assurent la protection des eaux nationales, mais aussi en haute mer. C'est le cas par exemple d'OSPAR (la Convention Oslo-Paris, pour la protection du milieu marin de l'Atlantique du Nord-Est) qui a lancé des programmes de surveillance de la santé du milieu marin et a mis en place une stratégie pour la conservation de la biodiversité. Elle étudie la possibilité, en collaboration avec toutes les autorités compétentes, de mettre en place une Aire Marine Protégée au niveau de la Zone de Fracture Charlie Gibbs, située sur la dorsale de l'Atlantique Nord-Est. On y trouve des monts sous-marins, des canyons qui abritent une faune variée caractéristique des eaux profondes : récifs de coraux, champs d'éponges, poissons... Ce projet pilote pourrait servir de test pour la création d'autres aires protégées dans les abysses. OSPAR a aussi établi un code de conduite pour la recherche : il s'agit d'encadrer les explorations scientifiques sur les milieux profonds afin que les prélèvements et l'utilisation d'engins sous-marins ne soient pas source de dégradation. Ainsi, grâce à un ensemble de mesures qui se complètent les unes les autres, les hommes pourront continuer à étudier les mystères des abysses et profiter de ses bienfaits...

*Ce cténophore (*Aulococtena sp.*) a la taille et la couleur d'une orange, il possède deux tentacules blancs et épais qui collent mais ne piquent pas. Il a été prélevé dans les profondeurs de l'océan Arctique.*

À l'issue de la conférence sur le développement durable qui s'est tenue en 2002 à Johannesburg (Afrique du Sud), le Forum Global pour les Océans, les Côtes et les Îles a été créé. Son rôle : s'assurer que les engagements des États concernant la gestion durable du milieu océanique soient tenus.

Il existe trois commissions chargées de protéger les eaux marines européennes : OSPAR, la commission HELCOM (Helsinki Commission) pour la mer Baltique, et la convention BARCON (ou Plan d'action pour la Méditerranée) pour la convention de Barcelone.

Une vie pour les abysses

Ils sont plongeurs, scientifiques, pilotes de sous-marins, marins, techniciens, ingénieurs ou spécialistes du droit... Ils partagent une passion commune : les abîmes sous-marins. Peu d'hommes et de femmes ont eu le privilège de contempler de leurs yeux les paysages et les habitants des abysses. Quelques-uns ont consacré une partie de leur vie à tenter de percer leurs mystères et à mettre en place des outils pour mieux les gérer. Voici leurs témoignages.

Daniel Desbruyères
Océanographe à l'Ifremer (France)
Lorsqu'en 1979, une mission franco-américaine découvre, dans le Pacifique par 2 600 m, les cheminées hydrothermales, l'étude des "vers de Pompéi" (*voir p. 48*) est confiée à une équipe française composée de Lucien Laubier (océanographe français) et moi-même. Nous allons déterminer que cette espèce représente une nouvelle famille d'annélides (vers marins annelés). À partir de 1982, je dirige le programme qui regroupe des équipes de l'Ifremer, du Centre National de la Recherche scientifique et des Universités en France sur la biologie des sources hydrothermales dans le Pacifique oriental et au large des îles Fidji, ainsi qu'en Atlantique. J'ai ainsi participé à de nombreuses plongées à bord des submersibles *Nautile* et *Alvin* (*voir p. 26-27*).

Henri Delauze
Président de la Compagnie maritime d'expertise (France)
Enfant de la campagne, j'ai toujours été passionné par la mer et par la géologie marine. J'ai réalisé ma plongée la plus profonde – 9 650 m – en 1962, à bord de l'*Archimède* au large des îles Kouriles au nord du Japon, lorsque je dirigeais le Laboratoire des Bathyscaphes au CNRS. J'ai plongé dans toutes les mers du globe, avec une affection toute particulière pour les Philippines, au milieu des mérous. Aujourd'hui, j'ai toujours mon sous-marin, le *REMORA 2000*, qui descend à 600 m. C'est d'après moi le plus beau jamais construit. Avec lui, nous avons trouvé des dizaines d'épaves archéologiques, mais nous faisons aussi de nombreux travaux militaires et géologiques (*voir p. 60-61*).

La journaliste et réalisatrice de films, Claire Nouvian, a contribué à faire connaître les abysses. Elle a écrit un livre, Abysses, en rassemblant des images spectaculaires de la faune des profondeurs qui ont été exposées en 2007 et 2008 au Museum national d'Histoire naturelle de Paris.

En 1979, l'océanographe américaine Sylvia Earle – surnommée "Sa Profondeur" – a marché 2h30 à 381 m de fond dans le Pacifique avec un scaphandre pressurisé, le Jim, relié à un sous-marin par un câble téléphonique.

Jean-François Rees
Biologiste marin à l'Université de Louvain (Belgique)

Chercheur à l'Université de Louvain, j'étudie l'impact de l'oxygène et de la pollution sur les poissons abyssaux. Ces animaux ne peuvent être étudiés vivants à la surface. Aussi, nous réalisons des expériences sur des cellules en culture. Le souvenir le plus marquant de ma vie professionnelle est lié à ma première plongée : comment oublier l'excitation angoissée qui m'envahit lorsque le submersible s'est enfoncé dans les profondeurs... Pourquoi est-ce important de s'intéresser aux abysses ? La plupart des animaux abyssaux subissent peu ou pas de variations naturelles de température, de luminosité... Ils ne sont pas équipés pour faire face au changement. Or, voilà l'océan profond touché à son tour par les activités humaines qui menacent sa stabilité. Nous devons nous assurer que la faune abyssale ne sera pas sacrifiée.

David Freestone
Juriste à la Banque mondiale (États-Unis)

Je suis professeur de droit international et je travaille avec le Forum Global des Océans. Le droit de la mer (*voir p. 68-69*) réglemente l'exploitation minière, mais ne protège pas encore les espèces d'eau profonde – qui incluent les espèces hydrothermales ou encore les poissons qui vivent sur les monts sous-marins et sont très vulnérables face à la pêche. Notre objectif est de convaincre les Nations Unies de mettre en place de nouvelles lois internationales pour protéger ces espèces importantes qui sont en train de disparaître avant même qu'on ait pu les connaître suffisamment pour les préserver de façon efficace. Nous voulons changer ça et nous assurer que la loi protège l'ensemble de la biodiversité marine.

Ricardo Serrão Santos
Directeur du Département d'océanographie et des pêches de l'Université des Açores (Portugal)

Habiter les Açores, c'est vivre au bord de l'abîme. Ces îles plongent dans les abysses et l'océan cache ici des volcans sous-marins où s'installe une faune riche et étrange : des anémones de mer colorées, des éponges, des coraux vieux de plusieurs milliers d'années, des poissons âgés de 100 ans…
Ici, le cachalot chasse le calamar géant à 2 000 m de fond ! En tant qu'océanographe, j'ai eu le privilège d'explorer le fond de l'océan à bord de plusieurs submersibles et d'observer des calamars "vampires", des chimères, des volcans et les espèces extraordinaires des sources hydrothermales (*voir p. 46-47*). Mais malgré son accès difficile, il est triste de constater que l'océan profond subit déjà l'impact des activités humaines comme la surpêche, la destruction des récifs, la pollution... Pour cette raison, la communauté scientifique s'implique avec les Nations Unies dans la préservation de l'océan profond et des eaux du large en envisageant la création d'un réseau d'Aires Marines Protégées. Il est urgent de protéger et défendre la dernière et la moins connue des frontières de notre planète.

L'océanographie est une spécialité qui peut s'étudier à l'université après un premier cycle d'études dans des domaines très variés : biologie, biochimie, géologie, physique, chimie, climatologie, hydrologie, géosciences...

En Europe, 5 millions de personnes travaillent dans un secteur lié à la mer (pêche, énergie offshore, construction navale, tourisme, navigation...), mais elles sont en très grande majorité basées à terre. Les métiers liés à la gestion de l'environnement offrent aussi la possibilité de s'intéresser à l'océan.

« Homme, nul n'a sondé le fond de tes abîmes,
Ô mer, nul ne connaît tes richesses intimes,
Tant vous êtes jaloux de garder vos secrets ! »
Les Fleurs du mal, *Charles Baudelaire*

En décembre 2008, l'Union européenne organise 2012 Objectif Mer *pour définir ensemble une stratégie pour le milieu marin et les enjeux pour la haute mer. Scientifiques et juristes s'accordent sur la nécessité de gérer l'océan dans sa globalité et à un niveau international.*

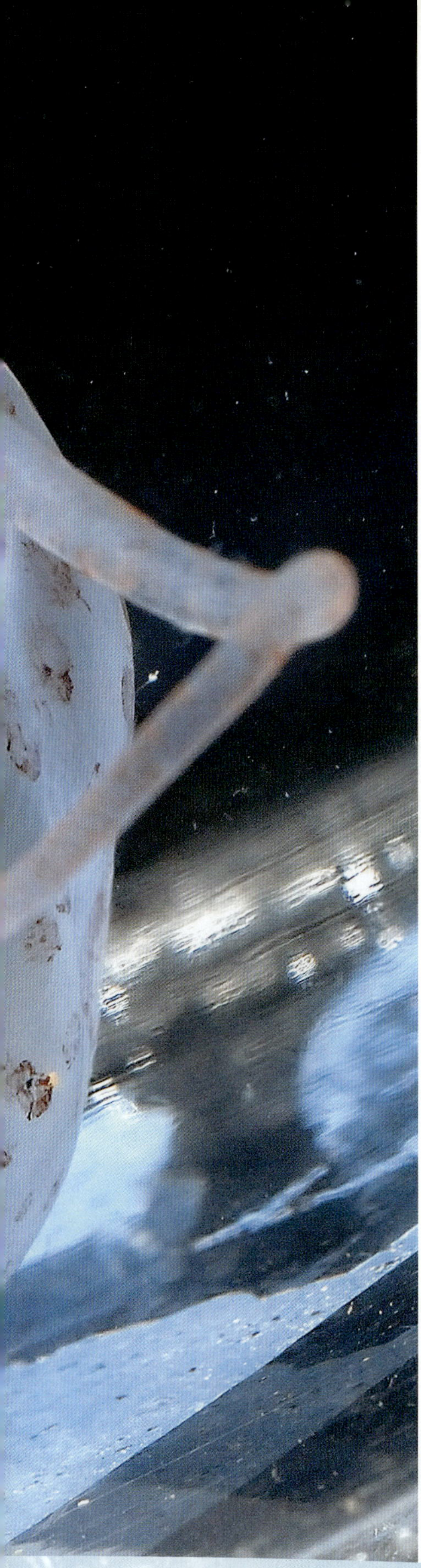

Les promesses de l'océan

Monde extraordinaire, à peine concevable pour l'imagination, l'océan profond recèle bien des promesses : des richesses biologiques et minérales incalculables, la révélation des secrets sur la formation de notre planète ou sur l'origine de la vie, des découvertes qui contribueront à améliorer nos vies… Mais saurons-nous gérer sagement ce milieu naturel que nous connaissons encore si peu ?

Avec la surexploitation et la dégradation de l'environnement terrestre, l'homme a mis de grands espoirs dans l'Océan. Mais peut-être faudrait-il réfléchir à la façon dont on peut gérer sagement les ressources dont nous dépendons à long terme. Car nous risquons d'épuiser aussi les richesses marines. Il ne restera plus, alors, qu'à trouver une nouvelle planète pour l'Humanité ?

Heureusement, partout dans le monde, de grands progrès ont été réalisés ces dernières années au niveau de la préservation de l'ensemble de l'Océan mondial (gestion internationale de la pêche, protection du littoral, augmentation de la sécurité en mer, diminution des émissions polluantes pour de nombreux produits dangereux…). La prise de conscience récente de l'importance, mais aussi de la fragilité du milieu marin, a permis d'entreprendre ces efforts notables pour l'avenir de la Planète Bleue. Toutefois, ce n'est que très récemment que les politiques ont commencé à prendre en compte les problèmes liés aux hautes mers et aux grands fonds.

Si proche et pourtant infiniment lointain et secret, l'univers des ténèbres abyssales ne préoccupe pas, hélas, la plupart des habitants du globe. Pourtant, son avenir est déterminant pour la planète et donc pour l'humanité. L'aventure des grands fonds ne fait que commencer. L'homme est de plus en plus présent à ces profondeurs restées si longtemps inaccessibles. Chaque année, les avancées technologiques et le travail des scientifiques apportent leur moisson de découvertes. Peu à peu, nous apprenons à connaître un peu mieux ce milieu qui se cache à quelques milliers de mètres seulement sous la surface des flots. Ces avancées sont précieuses pour mettre en place une véritable gouvernance des hautes mers et des grandes profondeurs. Car c'est maintenant qu'il faut agir pour assurer l'avenir.

Ce petit calamar porcelet, de la taille d'un avocat, se plaît à vivre dans les eaux profondes. Le petit groin qui lui vaut son nom est en fait son siphon. Cet animal a été photographié par les scientifiques de l'Aquarium marin de Cabrillo à Los Angeles (États-Unis).

« Jusqu'à nouvel ordre, je ne conçois qu'une expérience qui puisse dépasser en intérêt un séjour de quelques heures sous l'eau : ce serait un voyage sur la planète Mars. »
En plongée par 900 mètres de fond, *William Beebe, 1935*

« Combien d'hommes occupés à des activités aussi diverses que la guerre, la gloire, le pouvoir sont passés à côté de cet élément indissociable et essentiel : la mer ? »
Plongées sans câble, *Philippe Taillez*

Nausicaá

La Mer est sur Terre

Centre National de la Mer
Boulogne/Mer-France

Créé en 1991 à Boulogne-sur-Mer, le Centre National de la Mer est bien plus qu'un simple aquarium. Nausicaá est un centre de découverte de l'environnement marin unique en son genre, à la fois ludique, pédagogique et scientifique, essentiellement axé sur les relations entre l'Homme et la Mer.

Nausicaá présente tous les milieux, des récifs de coraux aux abysses, des hautes mers aux côtes, en passant par les mers froides ou les mangroves. Plus de 34 000 animaux, 4,5 millions de litres d'eau, 46 aquariums, 9 terrariums, des ambiances sonores, des jeux de lumières contribuent à faire de la visite de Nausicaá un moment inoubliable. Nausicaá est aussi un lieu qui informe sur les enjeux liés aux changements qui affectent l'Océan et donc l'ensemble de la planète.

« La Planète Nausicaá », dispositif interactif inauguré en 2008, entraîne le visiteur à la rencontre de l'Océan avec des expositions, un espace d'animation « La Mer en direct » qui permet de dialoguer avec des acteurs de la préservation du monde marin dans le monde entier, des publications et des films, sans oublier le site www.nausicaa.fr. Le public est ainsi invité à agir en devenant « Citoyen de l'Océan ».

Les aquariums et centres de science ont une position privilégiée pour informer le public. D'où l'idée, née en 2002, de constituer le Réseau Océan Mondial (*World Ocean Network*) qui rassemble environ 250 organismes dans le monde et touche des centaines de millions de visiteurs. Sa mission : mettre en place un programme international de sensibilisation sur l'avenir de l'Océan mondial et son importance pour l'homme.

Remerciements

Les auteurs tiennent tout particulièrement à remercier Henri Delauze (Comex), Daniel Desbruyères (Ifremer), Jean-François Rees (Université de Louvain), Ricardo Serrão Santos (IMAR), David Freestone (George Washington University Law School) qui ont apporté leur collaboration à cet ouvrage.

Merci aussi pour leur aide et soutien à Henrietta Aitken (Global Marine Systems), Judith L. Connor (Monterey Bay Aquarium Research Institute), Albert Gerdes (MARUM, Center for Marine Environmental Research), Nicolas Hirel (Mare Nostrum), Sophie Lalbat (Institut européen d'Archéologie sous-marine), Danielle Lemercier et Pascale Pessey Martineau (Ifremer), Richard A. Lutz (Rutgers University), Ed Mastro et Mike Schaadt (Cabrillo Marine Aquarium), Julie Packard (Monterey Bay Aquarium), Alexis Rosenfeld (Indian Ocean Exploration), Audrey Baconnais-Rosez (OSPAR), Joëlle Scarceriau (Comex), Simon Torok (CSIRO Marine and Atmospheric Research), la société Nexans et Céline Revillon.

Ainsi que Guy Lengagne, Président de Nausicaá, et tout l'équipage de Nausicaá, particulièrement Isabelle Legrand (centre de documentation) et Stéphane Hénard (service aquariologie).

Lexique

Bioluminescence
Production de lumière par des êtres vivants grâce à des processus biologiques.

Décompression
Diminution de la pression exercée sur un corps, comme un gaz par exemple. Les plongeurs subissent une décompression lorsque la pression des gaz dans leur corps baisse.

Dorsale océanique
Chaîne montagneuse au centre des océans Atlantique, Pacifique et Indien. Elle se dresse à environ 3 000 m au-dessus de la plaine abyssale, atteint 64 000 km de long et 400 km de large.

Écosystème
Ensemble qui comprend un milieu et les espèces qui y vivent et interagissent entre elles et avec leur environnement.

Glacis continental
Amas de sédiments qui s'accumule en pente douce au bas du talus continental, surtout au niveau des canyons sous-marins.

Guyot
Volcan sous-marin considéré comme éteint, au sommet relativement plat.

Pression
Force exercée sur une surface donnée. La pression peut être due à une colonne de gaz ou d'eau (pression atmosphérique et pression hydrostatique).

Rift océanique
Faille étroite située au sommet de la dorsale océanique qui permet la sortie de lave et de gaz brûlants venus du centre de la Terre.

Sels minéraux
Substances provenant de la décomposition de la matière organique (matière d'origine vivante, comme les plantes et animaux morts ou les excréments) par les bactéries. Elles sont indispensables à la croissance des végétaux.

Symbiose
Faille étroite située au sommet de la dorsale océanique qui permet la sortie de lave et de gaz brûlants venus du centre de la Terre.

Index

R

S

T - U

V à Z

Références iconographiques

1re de couverture, dessin : Marc Simonetti ; hg : SeaPics.com ; hd : Alexis Rosenfeld – 4e de couverture : 1999, MBARI – Page de titre, h : OAR/NURP/NOAA – b : Image courtesy of Richard A. Lutz, Rutgers University, and the Woods Hole Oceanographic Institution – 3 : K. Parkinson Norfanz – 4 h : Heritage Images/Leemage ; m : Campagne Nautinil, 2003, Ifremer/Éric Lacoupelle ; b : RMN/Jean-Gilles Berizzi – 5 h : akg-images/Werner Forman ; m : 1999, MBARI ; b : JAMSTEC – 6-7 : 2006, MBARI – 8 hg : NASA ; md : J.-P. Lescouret/Explorer/Eyedea – 9 hg : Expedition to the Deep Slope 2007 ; b, dessin : L. Blondel-COREDOC – 10-11, dessin : L. Blondel-COREDOC – 12 hg : Campagne Cyatherm, 1982, Ifremer ; b : NOAA – 13 h : BBC ; m : NOAA; bg : Campagne Garrett du Nautile, 1991. Ifremer – 14 dessin : Luc Favreau ; d : NOAA – hd : V et F Sarano ; bg : L. Levin/OAR/NURP/NOAA – 16 dessin : Luc Favreau – 17 hd : SeaPics.com ; md : BBC ; bd : D.R. – 18 hd et b : L. Blondel-COREDOC – 19 hd : L. Blondel-COREDOC; bg : BBC – 20 hd : akg-images/Werner Forman ; mg : Mark Mitchell/Rex Features ; bg : akg-images – 21 hd : Ulisse Aldrovendi/ravenna/Leemage ; md : Mike Kanzler/islasanmarcos.com ; bg : RMN/Jean-Gilles Berizzi – 20-21 : Kike Calvo/KPA/GAMMA/Eyedea Presse – 22 hg : Heritage Images/Leemage ; bd : Mary Evans – 23 hg : Georges Houot ; hd : Keystone-France ; mg : akg-images – 24 hg et hd : Steve Nicklas, NOS, NGS/NOAA – 25 hd : NOAA ; md : NOAA Rice Library ; bd : NOAA – 25-25 : NOAA – 26 hd : NOAA ; bg : Mission Nautinil, 2003, Ifremer/Stéphane Lesbats – 27 hg : OAR/NUPR/NOAA ; hd : P. Auster/OAR/NURP/NOAA; bd : JAMSTEC – 28-29 : Luc Favreau – 30 : Steve Haddock/Jorg Wiedenmann/MBARI – 31 mg : David French, 1997/MBARI ; md : Ernie Kovacs, 2005/MBARI ; d : George Matsumoto, 1989/MBARI – 32 : Alexis Rosenfeld – 33 hd : LILO/SIPA ; mg : Franck Goddio/Hiti Foundation ; bg : Alexis Rosenfeld – 34-35 : Campagne Nautinil, 2003, Ifremer/Éric Lacoupelle – 35 schéma : Ifremer – 36 hd : U.S. Navy/RJ Stratchko ; b : U.S.. Navy/Paul Farley – 37 hd : U.S. D.O.D./Ron Stern ; bg : U.S. Navy/Kimberly Clifford -38 hg : BIOS/Gilles Mermett ; m : JAMSTEC ; bg : 2005, MBARI – 39 h : NOAA ; mg : 1999, MBARI ; md : Ifremer/A. Fifis ; bg : 2003, MBARI – 40 mg : Biosphoto/J. Mallefet – 40-41 : Biosphoto/J. Mallefet – 42 hd : SeaPics.com ; mg : Bruce Robison/Minden Pictures ; bd : Norbert Wu/Minden Pictures – 43 hg : Norbert Wu/Minden Pictures ; hd : K. Parkinson Norfanz ; m : Biosphoto/ Norbert Wu ; bg : Biosphoto / Bromhall C. / OSF ; bd : Norbert Wu/Minden Pictures – 44-45 : Francesco Tempesta – 46 : Image courtesy of Richard A. Lutz, Rutgers University, and the Woods Hole Oceanographic Institution – 47 hd : Ifremer ; mg : OAR/NURP ; bd : OAR/NURP/NOAA – 48 hg ; Campagne Phare, 2002, Ifremer/Olivier Dugorrnay ; mg : Campagne Phare, 2002, Ifremer ; bd : NOAA – 49 hg : Tim Shank/Woods Hole Oceanographic Institution ; md : ??? ; mg : Ifremer-Victor/Campagne Exomar, 2005 ; bd : Ifremer-Victor/Campagne Phare, 2002 – 50 h : BBC ; bg : MARUM, Zentrum für Marine Umweltwissenschaften an der Universität Bremen – 51 hd et md : Ifremer-Victor/Campagne Biozaïre, 2001 ; bg : MARUM, Zentrum für Marine Umweltwissenschaften an der Universität Bremen – 52 hd : OAR/NURP/University of North Carolina at Wilmington ; mg : Ifremer/Olivier Barbaroux ; bd : Cyril Ruoso – 53 h : Marinethemes ; mg : Salesjö, A. – 54 mg : Ifremer-Nautile/Campagne Nixonaut, 1988 ; bg : BBC ; bd : Ifremer-Nautile/Campagne Nautilau, 1989 – 55 hg : Ifremer-Victor/Campagne Serpentine, 2007 ; bd : Ifremer-Victor/Campagne Momareto, 2006 – 56 g : Biosphoto/Jean-Pierre Sylvestre ; bd : D. Bon dit 007 – 57 hd : Ifremer ; bg : Ifremer ? ; bd : Ifremer – 58-59 : Souliman/SIPA – 60 : Alexis Rosenfeld – 61 : Alexis Rosenfeld – 62 : Submarine Cable Map @ telegeography.com/maps – 63 hd, md et bg : NEXANS – 64 : Biosphoto / Deeble-Stone / OSF – 65 hg : Biosphoto / Aitken Kelvin / Visual and Written ; md : NOAA ; bg : Biosphoto / Smith K. / OSF – 66 h : Alexis Rosenfeld ; bd : Ifremer – 67 hg : CSIRO, Marine and Atmospheric Research ; hd : CSIRO Marine and Atmospheric Research ; bd : OAR/NURP/NOAA – 68 : Norbert Wu/Minden Pictures – 69 h : L. Blondel - COREDOC; bd : 2002, MBARI – 70 : NOAA; 71 hd : OSPAR; bg : Hidden Ocean 2005 Expedition. NOAA Office of Ocean Exploration; 72 h : Daniel Desbruyères ; bd : Henri Delauze – 73 hd : Jean-François Rees ; mg : David Freestone ; bd : Ricardo Serrão Santos – 74-75 : Cabrillo Marine Aquarium – fond de frise : Bruce Robison/Minden Pictures.

Les pictogrammes illustrant la frise ont été dessinés par Nicolas Julo.
Les images DVD sont extraites du film *Au royaume des cachalots*, BBC.

VOIR LES ANIMAUX

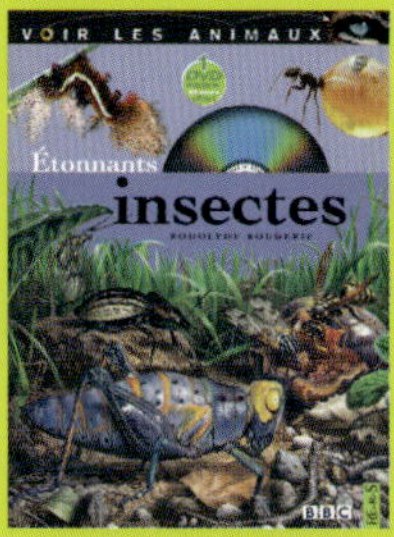

VOIR L'HISTOIRE

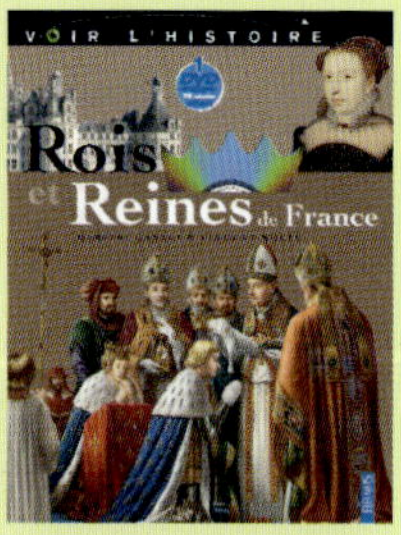

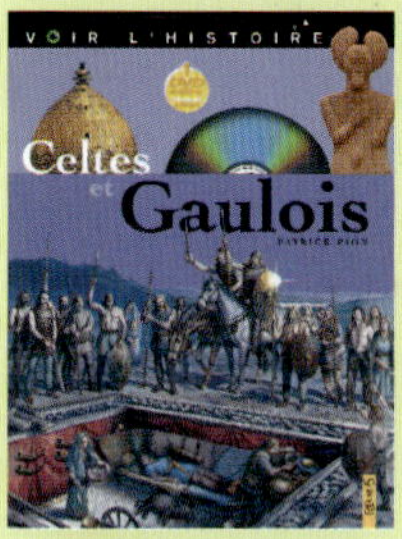

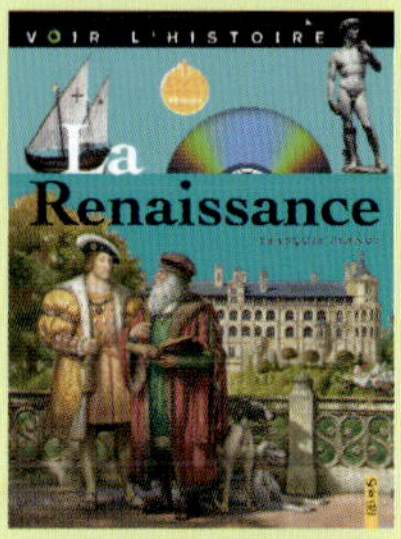

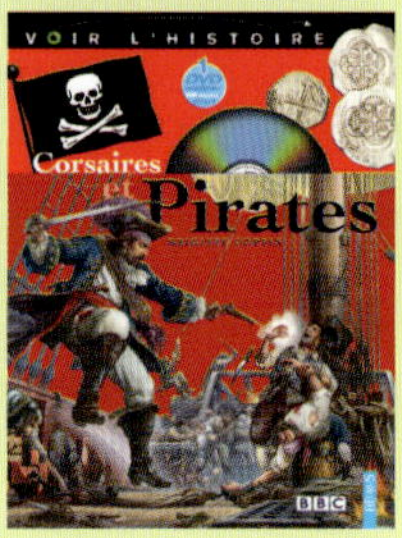